Otto Pötter

Hackemaih

Alltagsgeschichten
up Mönsterlänner Platt

Otto Pötter

Hackemaih

Alltagsgeschichten
up
Mönsterlänner Platt

Mit Illustrationen von
Josef Heinrich gt. Ted Berges

3. Auflage 2014

© 2008 Aschendorff Verlag GmbH & Co. KG, Münster
Das Werk ist urheberrechtlich geschützt. Die dadurch begründeten Rechte, insbesondere die der Übersetzung, des Nachdrucks, der Entnahme von Abbildungen, der Funksendung, der Wiedergabe auf fotomechanischem oder ähnlichem Wege und der Speicherung in Datenverarbeitungsanlagen bleiben, auch bei nur auszugsweiser Verwertung, vorbehalten. Die Vergütungsansprüche des § 54 Abs. 2 UrhG werden durch die Verwertungsgesellschaft Wort wahrgenommen.
Printed in Germany

ISBN 978-3-402-12756-8

Meinen Söhnen

Andreas, Tobias und Markus

als Heimaterinnerung
an das schöne Münsterland

Inhaltsverzeichnis

Hackemaih	9
Plattdüütsk, dat beкümp	10
Use Kiepenkerls	13
Kiärmste	16
Manöver	21
Männeken: Stopp	23
Moss di nich ärgern	26
De Januar kann us klook maaken	29
Im Märzen der Bauer	32
April, April	36
Schnickerick, Dü-dü	38
Juliglück	40
Hollandrad	44
Vollmond	47
Biärnbaom in' Gewitter	50
Peter un Paul	56
Erntedank	59
1. R – l i – 1	61
Ick kann dat wuohl	65
Se söhg mehr	69
Käsken	73

De Kraniche trecket	78
Schön so in' November	80
'ne schöne Geschichte	82
Adventskonzert	85
Nix för Bernhardiner: Hut Pleureuse	88
Stutenkerlpiepken	92
Glücksiälig Niejaohr	94
Schaufensterdekoration	98
Hula Hoop	101
Gesundheitsreform	105
Element Luft	108
Pizza-Psyche	112
So kann et gaohn bi de Feuerwehr	115
Schuberts Unvollendete	120
Laot et kribbeln	123
Kopp hauch	126

Hackemaih

Hackemaih, dat will säggen:

> „Erntereste, die verstreut auf dem Feld oder Acker liegen geblieben sind." (Wörterbuch des Münsterländer Platt von Walter Born).

Find't sick dao nich immer noch so allerhand, wenn 'm bloß naihger es maol henkick?

Jüst so is dat in' Liäben auk. Saaken, üm de alle Welt sick dat Muul in' Knüpp küert, de giff et tohaup. Dao flügg glieks jedereener drup. Un doch giff et alltiets auk noch mehr, wat faken nich minner Hannür (Honneurs, Beachtung, Ehrerweisung) verdeint, obschonst de nich glieks graut Geluut üm maaket wiärd.

Hackemaih hett auk de Kolumne van Otto Pötter uut Rheine in de **Münsterländische Volkszeitung**. Dat Schönste daovan find' sick hier in düt Book. Et bünd **Alltagsgeschichten up Mönsterlänner Platt**.

Se laot' schmüstern (schmunzeln), aower se laot' us auk naodenklick innehaoll'n. Liäsers häbt schriebben: „Hackemaih, dat is immer wier schön to liäsen!"

Drüm nemm di Tiet för dat Book un sett di in Ruhe hen; denn Platt liäsen, dao moss di erst dran gewüöhnen. Män dat helpt sick met de Tiet. Daoför häs aower auk wat daovan. Sass seihn: „Hackemaih, dat is immer wier schön to liäsen." – Vull Plaseer!

Plattdüütsk,
dat bekümp

… un richtig guet dött et gar met 'n „lecker" Döönken. Män Döönken un Döönken, dat steiht sick lange nich liek. Worup et ankümp is 'n *nettet* Döönken! Manchereener glöff, he kaim met Plattdütsk guet an, wenn he män eenfach *„so 'n Platten"* loslööt. Doch dat is deniäben. So nich. 'ne guede Muul vull Platt, dat is wiet mehr, äs bloß so ümgedreihde „platte Witze". Hanni Ottenhues (1929 - 1999) uut Rheine-Wadelheim meint daoto:

> **Ick küer so giän 'ne Muul vull Platt**,
> es van de Öllern ick häb 't liärt.
> Wenn auk du mi 't gliek doon wuss,
> so wör dat sicher nich verkehrt.
>
> Nich bloß von dat, wat fröher was
> vertellden wi us dann;
> auk wat vandag us kümp to pass,
> man guet up Platt so säggen kann.
>
> Doch dumm Gepraot un äösig Witz,
> dat, sägg ick di apatt,
> mäck mehr kaputt, äs holpen is –
> dat is to schaa för use Platt.
>
> Us Plattdüütsk is so warm, so riek,
> et hät de schönsten Wäört för us.

Met jede Spraok steiht Platt sick liek –
un dat ohn Falsk un ohne Stuss.

Drüm haolt dat Platt wi hauch in Ehren,
so es et us is guet veriärwt.
Et kann nich eener us verwehren,
'ne Muul vull Platt – solang wi liäft.

Ja, *s o* tesammen Platt to küeren, dat bekümp.

„Gesmackvoll" met Plattdüütsk ümtogaohn, datt hett nu auk wier nich, üm jeden plattdüütsken Satz 'n Kränzken to binden. Well mit Platt gar Goethe noch öewerhaalen will, de sall dat doon. Doch auk so gelt hier: „Et löpp dr so männig Professor achter'n Ploog." August Hollweg (1899 - 1977), de Heimatdichter uut Rheine, sägg so:

> „Die Menschen, die mit Emswasser getauft sind
> und Plattdeutsch sprechen, sind schweigsam und
> dröge. Feine Worte machen sie eher misstrauisch.
> Sie schauen dich siebenmal an, ehe sie sprechen –
> und lesen dein Denken aus den Augen, ehe sie
> lächeln."

Drüm maak nich so vull Gedrüüs, doch küer di rein uut – „rein", aower nich äösig orre gar dösig.

Denn well meint, Platt wör bloß för 't Ulken guet, de weet auk nich, wovan he küert. Humor, ja, de gehört to use Platt es de Schinken up et Buotteram – dat bekümp.

Män so es Schinken un Schinken lange nich eens is, is dat auk met den Humor up Platt. De plattdüütske Humor is all's annere äs luuthals Gelache; he is drööge, sinnig, mehr „stiekum fien" un doch manchs auk wuohl wat butt. De graute Dichter van den Tollen Bomberg, Josef Winckler (1881 - 1966), Süöhn van den Bentlager Salinendirektor uut Rheine, weet wovan he küert:

> „Wo findet man ihn sonst noch, diesen offenherzig urwüchsigen Humor, diesen gradlinigen Hang zum Necken und Spotten, ohne dass eine Beleidigung damit verbunden wäre? Zugegeben, manchmal klingt es grob, oder, wie der Emskopp sagt, ‚butt'. Aber jeder weiß, dass es *s o* nicht gemeint ist. In diesem kauzig-knorrigen Sprachgut urteilt und wertet der echte Münsterländer ganz nach seinen eigenen Maßstäben. Und das klingt nicht nur gut, es tut auch gut. Wie schön, dass es das (noch...) gibt."

Dat mein ick. Et is 'n guet Stück Heimatkultur, de met Sinn un Verstand, met Bedacht un Achtung, pfleget will sien. Drüm doo di guet an use wunnerbare Platt – un haoll de Spraok in Ehren.

Dann päss auk dat een off anner Döönken debi. Mehrst is et ne ganz un gar normale Olldagsgeschicht, de dr up maol 'n spassigen Dreih krigg. Tjä, un eher dat et richtig merks, schütt et di dann all int Lachen.

Biespiell? – Nu denn.

Dao kamm Bäänd lessens es so 'n Klookschieter in de Mööte. De woll em lück so van ächten harüm up 'n Arm nemmen un fröög:

„Sägg es, Bäänd, du kenns di doch guet uut met dat Plattdütske, nich…"

„Och jao", nickoppede Bäänd. Daorup de Strunzmichel:

„Dann sägg mi doch es, wat du vandage so to 'n Computer säggs?"

„Nix", keek Bäänd em van 'e Siete an, „gar nix. Dao küer ick erst gar nich met."

Use Kiepenkerls

Wat wör use Mönsterland bloß ohne „use Kiepenkerls"? Wenn et vandage in Städte un Gemeinden üm Empfänge un Gäste geiht, bünd de Kiepenkerls so wat es de besten „Iesbriäker". Statt hauch upschüött' in stiefen Staot met Schamiesken un witte Glasanten (Glacéhandschuhe), kuemmt use Kiepenkerls heel natürlick deher: Blaoen Kieddel, rautbunt Halsdook, Kippe (Schirmmütze) up 'n Kopp, Lülldopp (Pfeife) in' Beck (Mund), Holzken an de Fööte, nen Knubbenstock in 'e Hand – un up 'n Rüggen de graute Kiepe.

Jüst so göngen hier fröher use „ambulanten Händler", auk Tüödden nannt, öewer Land un verkofften Pötte un Pannen, Gewürze, Winkelwaren (Haushaltswaren), Wulle, Garn un fien Dook – jaohrhunnerdelang.

Brenninkmeyer, C & A, is in Mettingen auk so anfangen – un häff dann 1911 all in Berlin dat erste graute Geschäft lossmaaket. Daobi göng üm de Tiet noch Brenninkmeyers Gerhard van Mettingen uut „met 'n Pack" öewer Land. Wo düsse düftige Mann auk henkamm, de Lüe harren em giän; denn he konn allerwäggen (überall) met Plattdüütsk famos upslao'n. De aolle Brenninkmeyer sagg immer so:

Wer nachgeht seiner Ahnen Spur
und lernt aus ihrem Rat,
der senkt in seine Lebensflur
hinein keimfrohe Saat.

De Spruch wör wisse nich för de Katt. Tüskentiets arbeit' för C & A in ganz Europa 34.000 Angestellte in 1.200 Filialen (Stand: 2007). Nu fleit män ruhig spitz daobi uut, et is es et is: Et füng met 'e Kiepe an.

Dat et all 1474 Kiepenkerls gaff, weet wi vandage noch van den Paoterbruor Rolevinck (1425 - 1502) uut Laer – „ein Mann von Gelehrsamkeit und Tugend" (Nachruf aus den Klosterannalen).

He häff erstmaols in sien „Buch zum Ruhme Westfalens" öewer de Kiepenkerls schriebben. Auk is dao mehr noch in to liäsen:

> "Jeder Westfale ist gehalten, an seinem Ort dem verpflichtenden Beispiel seiner Vorfahren Ehre zu machen und, wenn er Wohlstand erlangt, nicht überheblich und unbeherrscht zu werden."

Wo steiht so wat vandage noch? Schaa; denn:

Dao kümms wiet met. Drüm gelt dat auk us noch iäbenso, auk wenn us nich een Kiepenkerl mehr in de Mööte kümp.

De lessde Kiepenkerl hier in use Mönsterland, dat was Klüpers Wilm uut Coesfeld; he stüörw 1938.

Un doch is de Kiepenkerl nich daut. Kieggendeel!

Lange all häbt wi hier 'ne schöne Kiepenkerltradission. Use Kiepenkerls bünd nu so wat es öffentlicke Gästebittker. Statt bi Empfänge lück stief harüm-tostaohn, geiht et met so 'n Kiepenkerl glieks viell ümgänglicker to. Dao is et licht, 'n pässig Waort to finnen, erst recht, wenn et „wat uut de Kiepe" giff. Denn „ächten drin" häbt se 'ne Pulle gueden Klaoren. Un wenn se *de* met 'n Pinneken wieset, dann is dat Iies bruoken ...

Drüm is et guet, dat se sick sömms auk es maol wat gönnt, de Kiepenkerls. So is all siet 1981 alle Jaohr in Stadtlohn immer an' 3. Sunndag in' Oktober „Kiepenkerldag". Et fäng met 'ne plattdüütske Misse in de St. Otger Kerke an. Daonao suorget mehr äs 150 klüftige Kiepenkiärls för bunt Liäben in Stadtlohn. Schön dao.

Kiärmes

Es kien anner Fest bräng Kiärmste vull Volk up de Beene. Hier stimmt dat Waort „Volksfest". Unner all de Volksfeste häff de Kiärmes auk met de öllste Tradission. All üm et 9. Jaohrhunnert harüm fierden de Christgläubigen den „Geburtsdag" van iähre Kerk met 'ne hauhge Miss.

Dat wör mehr äs schön; denn wann söhg man sick ansüss dat Jaohr öewer es maol?

Weil in Mönster bekanntlick ja de Bischop sitt, geiht de Kiärmes hier trügge up de Vollversammlung van alle Bistumsgeistlicken, de sick fröher dat Jaohr öewer tweemaol to iähre „Synode" trööfen – met de Tiet möök daoruut de Volksmund dat Wort „Send".

Auk in Mönster göng et buuten daobi van Anfang an „bunt" to, weil et an düsse Send-Dage kiene „Privilegien und Verkaufsbeschränkungen" gaff. Jedereen konn „Waren feilbieten oder tauschen" – un so wimmelde et düsse Dage in Mönster män so van Volk. Dat dao auk wuohl Lumpsäcke Hochtiet bi fierden, lött sick denken. Doch wör dat 'n gefäöhrlick Spiell. Denn ohne lange to fackeln rullden de Köppe, wenn „ein Bruch des Marktfriedens mit Blutvergießen verbunden" wör. Van daoher häbt se in Mönster äs Symbol noch dat graute Sendschwert.

Jaja, kanns mi glöwen, för männig Kunden wör dat daomaols dao up de Rummelplätze nich immer bloß lustig...

Egaol.

Weil to „Kerk-Mess" immer vull Volk van wiet her tesammen kamm, nutzten de Lüe de Geliägenheit, Tüüg off Winkelwaren (Haushaltsgegenstände) to kaupen orre to tuusken, doch auk, üm sick sömms es maol „naokieken" to laoten.

Tüsken Kiepenkerls schrappten Medizinkundige Klingen scharp för 'n Aderlass, Kurfuskers mööken graut Buhai üm wunnerlicke Salben un Pillen orre gaffelden met unmanierlicke Knieptangen harüm, üm met Geroop in' Hauruck leepe Kusentiänn (schmerzende Backenzähne) to trecken.

Kien Wunner also, dat to Kiärmes „allerhand Schaustellerei zur Volksbelustigung" för Affwesselung suorgede.

Män düt lustig Spiellwiärk kreeg Anfang van et 16. Jaohrhunnert met de Reformation 'n derben Knick. Van dao an göng et mehr deep up de Kneie. Erst guet tweehunnert Jaohr laater leggde sick dat fromme Schuer. Üm 1840 schreef Christian Friedrich Hebbel:

> Das ist ein Flöten und Geigen,
> bis über das Dorf hinaus:
> Sie feiern die Kirmes im Reigen,
> mit Tanz und Spiel und Schmaus.

So is et bes up 'n Dag. Bi „Spiel und Schmaus" is et een Huulen, Suusen un Gelduutgiebben. Un uut de „Schausteller" van fröher bünd längst graute High-Tec-Unternehmer wuorden.

Ick föhr jä giäne Scheesken, män tüsken all de modernen „Fahrgeschäfte" misse ick de Schaubuden, wo us Sprigitzkenmaaker (Allotriarufer) met allerhand Nücke orre Affsunnerlichkeiten de Köppe verdreihen willt.

Nich dat ick uut baren Anstand heel grell bin up 'ne „Frau ohne Unterleib" – aower et is doch maol wat anners... Un auk wenn dat lange un scharpe Schwert van Ritter Kunibert ganz sicher all's annere äs appetitlick is, so is et ümso wunnerlicker, wu et sick so 'n Bärenleier män eenfach weg in sien Halslock stecken kann. Män auk Leila is nich ohne! Leila lött sick gar met Luune van 'ne fuustdicke Schlange inrullen. Mi geiht nich in' Kopp, wat för 'n Gefallen de Frau an so wat finnen kann. Ick wüss dao wuohl anners wat...

Doch bevör 'm sick dao up de Kiärmes bi all de Kiekerie de Beene in' Buuk steiht, möök et sick jüst äs Mann villicht auk ganz guet, es maol sömms den „Akteur" to spiellen.

De Boxbude mäck sließlick genoog Talaika, üm den „mutigen Herausforderer für den Kampf des Abends" to finnen. Mann. Dao winket satte 50 Euro Siegerprämie – steuerfrei! Wenn dat nich guet Kiärmesgeld is... Kann 'm sick daoför nich ruhig es maol eenen drümto timmern laoten? Un auk wenn dr wat Bloot bi laupen dött, so is dat dao jüst an de Boxbude jä nich „ein Bruch des Marktfriedens". Drüm suuset di auk nich glieks dat Sendschwert üm de Ohren. Nä, de Kopp bliff wuohl dran. Wenn bloß de wööste Galgenvuogel, es verrückt dao buoben an' Boxball to kloppen, wenn de bloß nich wör! Dat schinnt män doch mehr äs 'n unmanierlicken Ruhbast to sien. Nänä, all's wuohl, aower de Gesundheit geiht vör.

Dao is et dann doch biätter an de Schießbude.

Met wat Glück kann 'm sick dao ganz un gar ohne Waffenschien nett wat bineeneknallen. Sägg män nix kieggen so 'n schön Plastikröösken – feihlt dann bloß de richtige Frau noch daoför... Aower auk dat helpt sick. Et laupet jä genoog devan üm Schießbude un Geisterbahn harüm.

Drüm gieff di to Kiärmste ruhig män es 'n Schups un maak di „kiärmesfien". Dann sass es seihn, wu dat löpp dao met di!

Moss bloß uppassen, dat di dat nich so geiht es Bäänd. Bäänd keek mi es maol heel verjäggt an un brabbelde:

„Also nää! Ick satt so schön up 't Piärd. Un wat sägg ick di? Up maol woll mi rechter Hand met Blaulecht 'n Feuerwehrauto öewerhaalen. As ick üm mi keek, üm wiet Platz to maaken, dao kamm van ächten met Gehuul glieks auk noch 'n Hubschrauber piel up mi to. Fehlde bloß noch de Panzer! Ich dacht all, ick wör in' Manöver! Mi suusede män bloß so de Kopp – un ick wüss mi dao doch gar nich mehr to helpen..."

Ruhig sagg ick em to:

„Bäänd", sagg ick, „Bäänd, du mäcks aower auk Saaken! Biätter, du geihs et naichste Maol up de Kiärmste erst up dat Scheesken un dann an den Beerstand."

Kiek. So eenfach is dat, guet öewer de Kiärmes to kuemmen.

Manöver

In männig Städtken wör hier fröher nich weinig Militär tohuuse. So auk in Rheine. Un so gaff et dr auk immer es maol dat een off annere Manöver.

Vandage tündelt de Suldaoten ja mehr so met iähre Kompjuters harüm, statt sick äs Sandhasen swatt to maaken. Ick sägg di, fröher söhg dat anners uut. Immerhin geiht dat Waort *Manöver* up „de Franzosentiet" trügge (frz. *manoevre*) un et hett sovull es *„Handarbeit"*. Daoher auk dat Waort *manövrieren*, „geschickt to Werke gaohn".

Nu ja, off se dat in' Manöver immer doot, dat steiht up 'n anner Blättken. Up jeden Fall bünd de Offziere drup bedacht, kiene *Manöverkritik* upkuemmen to laoten, egaol wat is.

Auk wier so 'n Waort, wat uutsägg, dat et bi so männig Manöver fröher auk wuohl „Bruch un Dallas" gaff. Oh ja, dao göng all wat bi in de Totten. Daoför knallde un dampte et aower auk nich slecht debi.

Bäänd kann dao noch guet wat van vertellen.

De Landsers mööken sick dat Gesicht swatt, quartierden sick up 'n grauten Buernhoff in, spiellden flietig „Räuber und Gendarm" – un aobends unner 't Affdack van de Schüe'n Karten.

Göng bi so Manövers es wat brick, so gaff et bi de Standortverwaltung dat Manöverentschädigungsamt.

Dao mossen sick „im Reparationsfalle" dann de Buern met harümquiälen. As in Stadt un Land üm so 'n Manöver nu es maol wier graut Geluut ingange wör, reip Bäänd auk glieks bi dat Manöverentschädigungsamt an un muulde:

„Also so wat!! Dao häbt mi de dicken Panzers gistern doch glattweg mien heele Rööbenfeld dörneene sett'. Ick häb mi dat maol uutriäknet, dat is nich weinig, dat mäck…"

„Entschuldigung", sagg dao dat Frollein van't Amt em to, „das Manöver beginnt aber doch erst nächste Woche!" „Auk guet", lööt Bäänd sick nich affwimmeln, „dann roop ick naichste Wiäke wier an…"

Männeken: Stopp!

Dao kamm mi lessens es 'n Uutlänner in de Mööte. He woll van mi eenlicks bloß den Patt nao de Saline Bentlage hen wietten, män wi kreegen et debi guet an' küeren; denn he wör heel maß (voll Lob) öewer Old Germany.

Män dann up maol tüerde he mi liekuut in't Gesicht un mennde, dat he hier jä nu all so männig Deel seihn harr, wat biätter nich metfallen konn, doch de Lüe, de söhgen dr gar nich guet bi uut. Mann, all de armen Lüe hier, se keeken drin, as kreegen se egaol weg wat up 'n Bast. Dat göng em öewer sienen Vernüll (Verstand). Dat könn för us Düütske up Duer nich guet sien. Ach ja, wuvull Mensken et denn in Düütskland gaff? Guet 82 Millionen sagg ick em to. Doch dat woll he pattu nich glöwen. He wünk aff un sagg mi up 'n Kopp to, dat et wisse dubbelt sovull sien mossen.

Bi sovull Unverstand möök ick nu erst es 'n Tratt trügg, denn dat konn so nich staohn blieben, män dao sagg he all: „Oh ya, wohl right, doppelt soviel german people! Doppelt soviel, weil, jeder hat einen kleinen Mann noch im Ohr." Godorri! Wat häw wi dao lachet, wi beiden. Män as wi wier uuteneene wören, dacht ick:

De Mann häff recht. Dat Männeken bi us in de Ohren tellt faken mehr, äs us bedacht is. Un küeren kann dat Männeken villicht, dao is jä rein de End debi weg!

Wu schön pardieslick et auk immer is, dat Männeken mäck glieks all's minn. Wat kann us dao noch anners lebennig haoll'n äs Schimp un Schanne? Egaolweg ligg us jä dat vernienige Männeken in de Ohren, van wiägen, dat dat ganze Liäben män eene Quiälerie is. Junge jao, dao vergeiht di dat Lachen bi.

Ach ja. Sägg ehrlick, man kann sick doch bloß noch ärgern. Also nä, wat is di dat doch 'ne slechte Welt. Kiek män in' Fernsehen. Nämanää! Un de Programms bünd auk nich vull biätter. Wat? Weinßens sall schön Wiär sien? Ick sägg bloß: Klimakatastrophe! Schön Wiär... Wo dat noch wuohl hengeiht? Drüüge is et, dat usereens dat Waater all nich mehr betahlen kann. Nix kieggen 'n Schuer Riägen. Män fäng di dat hier eenmaol an, dann will et nich wier uphören. Un dann krüpps bloß van eenen Stohl up 'n annern. Dat is auk nich gesund. Öewerhaupt, all de viellen Krankheiten vandage, dao kanns ja gar nich mehr vör uppassen!

Sägg nich, du häs nix. Du weeß bloß noch nich, wat diene Gene noch all's so met di vörhäbt. Van dat Öllerwiärn gar nich erst to küeren. Män auk so süht man sick de all kieggenan, wenn 'm up de Straote will. Biätter, man bliff glieks in Huuse, bi all de dicken Schiethaupens van de scharpen Rüerns, de dr öewerall rümligget. Gaoh mi doch weg bi all den Schiet un Driet dao buuten. Un säggs wat, dann moss uppassen, dat di de „Herrchen" nich frech weg eenen drümtimmert orre dat di so 'n wilden Kampfköter nich bitt.

Mann. De Haore staoht di to Berge, wenn bekieks, wuvull Janhagel buuten nich all's so harüm löpp. Nich es mehr in Ruhe inkaupen kann man. Un wenn, vergeiht di dao auk de Luune an. Kienen Dag, wo nich all's wier düerer wiärd. Well kann dat alle noch betahlen? Un an de Rente knappt se auk alltiets harüm.

Wat? Ach, gaoh mi doch weg met 'n Lottogewinn. Dat sall wat sien? Dann ligg di de ganze Verwandtschaft up de Taske. Giff et 'n grötter Mallör? Un wenn di nix anmiärken draffs, wat nutzt di dann de Lottogewinn? Ach ja, häs Geld, dann moss uppassen, dat se di nich glieks daut haut – un wenn se dat nich doot, dann haut se di öewer 't Ohr! Kanns dreihen es de wiss, ick sägg di, dat ganze Liäben is nix anners es ne Höhnerledder, van buoben bis unnen…

Nu sägg *ick hier* aower: „Stopp!! Männeken stopp!"

Un – up Ehre un Gewietten – fraog ick ju *beide* nu, di un dien biestrig Ohr-Männeken:

Wu aolt sin ji beiden eenlicks?

Wat? 78 all?

Dat is guet.

Dann könn ji ju ja wüerklick es freuen!

Denn dann duert de heele Schieterie hier jä nich mehr lange.

Dann häw ji et jä wanner schafft...

Moss di nich ärgern

... dat hät kienen Wert. – Wat säggs? „Et giff män doch männig Verdruott, up den man guet gefasst sien mott." Dat kann wuohl, män is dat Liäben nich doch noch mehr, äs bloß Verdruott? Süss kaims jä to Nix mehr. Un den Ärger häs daomet erst recht nich uut de Welt. Nä, gleiw mi dat, sick ärgern, dat lauhnt nich.

Dör Ärger wiärd all's män bloß noch ärger!
Et hett nich ümsüss:

> Man kommt im Leben gar nicht weit
> durch Ärger oder Zank und Streit."

Waorüm?

Wi maaket us un annere daomet bloß dat Liäben schwuor – mehr nich. Is niämlicks „richtig" wat, dann häs up maol gar kienen Ärger mehr, dann moss richtig naodenken und richtig wat doon, dat et Wiärke wier in Stüer kümp. Et ännert sick nix, wenn dao dann bloß sitts un döss di ärgern – eenzig laihger wiärd et!

Nä, wenn et harre kümp, dann moss seihn, dat du den Kopp frie kriss, dann moss „richtig" wat doon. För Ärger häss dann gar kien Tiet mehr. Eenzig well nix dött, de kann dr verrückt bi wiärn.

Un nix anners mäck auk Ärger un Striet met us: he mäck us bloß verrückt un verdreiht.

Dao maak wi us verrückt öewer 'n Verrückten in China un ärgert us öewer dat Geküer van Mister Minister. Wi kröppt us up öewer to weinig Inflationsausgleich un tovull Stüern; reget us up öewer lööpige Katten orre dat Kläffen van den eegenen Rüern; öewer Pastors Priägt orre dat muulfuule Täntken. Dann wier muult wi öewer Hinz un Kunz, de nich so willt es wi, orre... De Chef, de hät all lange 'n Vuogel; de Renten bünd auk nich mehr dat, wat se maol wören; alle willt se bloß use Geld; de Naober meint nu auk all, he wör „mehr" – un wenn et ansüss nich vull mehr to ärgern giff, dann bliff immer noch dat Wiär...

Well richtig henhört un henkick, de miärket gau: In Wahrheit bünd et bloß Kleinigkeiten, met de wi us üm den gesunden Menskenverstand briänget un met de wi us sömms dat Liäben schwuor maaket. Et bünd Nickeligkeiten orre auk „Stücke uut' Dullhuus", de us faken vör Ärger unwies maaket. Oh ja, ick weet, oft könns den een of annern Fillu un Quengelkopp reineweg dömpen (erwürgen)! Nu ja, dat mach helpen – män doo dat es immer... Dann kriss aower ganz sicher mehr äs Ärger. Daovan aff: Wuvull bliewet dann noch wuohl öewer? Un sick vör Ärger män eenfach sömms uphangen, dat kann doch auk wuohl kiene Lösung sien, orre? Denn dann harren se et antlest jä met us schafft, all de Gaffeltangen un Twiärsbraken (Quertreiber), dann lacheden se sick jä noch öewer use Graff weg wat in't Füüstken.

So doch nich! Drüm sägg ick mi: Wenn ick all alle Fießlänners, de mi dr Dag för Dag quer kuemmet, weder dömpen noch ännern kann, so bliff mi bloß eens: Ick sömms mott mi ännern – miene Instellung to dat, wat mi all's so in de Mööte kümp! Doo ick dat nich, dann bin *ick* un dann bliew *ick* egaolweg de Dumme. Denn et passeert nu maol Dag för Dag wat. Auk wenn ick mi up 'n Kopp stell, kann ick dat nich ännern, wuohl aower, wu ick daomet ümgaoh.

Guet helpen dött mi daobi Seneca (1 – 65 n.Chr.). Düt klooke Kerlken sagg sick so:

> Entweder ist es ein Mächtigerer, der dich kränkt,
> oder es ist ein Schwächerer.
> Ist er schwächer, so schone ihn –
> ist er aber stärker, so schone dich!

Dao kann 'm guet mit liäben. Drüm sägg ick di hier:

> Moss di nich ärgern, dat hät kienen Wert.
> Moss di bloß wünnern, wat all's so passeert.
> Immer moss denken: De Lüe bünd nich klook.
> Dao kann ick bloß lachen, dat is mi genoog.
> Moss di nich ärgern, simmleer nich harüm.
> Et bliff nich et ganze Liäben bloß schlimm...
> Et ännert sick all's – nao Schnee wiärd' wier gröön.
> Moss di nich ärgern, dat Liäben is schön.

Sass seihn:
Daomet kümms guet dör't Jaohr.

De Januar kann us klook maaken

To'n Januar saggen hier de Lüe fröher Wintermaond, Iesmaond off auk Hardemaond, wat sovull hett, äs dat et 'n „hatten Maond" was; daoher auk de ansüss auk noch gängige Naom: Hartung.

Wenn fröher dat Herdfüer de eenzig warme Hook in Huuse wör un et vör Frost buuten män so knackte, lött sick naoföhlen, dat de Lüe froh wören, wenn se „guet dör 'n Winter" kammen. Ja, dat was hatt. De Jänner harr et in sick.

Jänner; düt Waort is so 'n „Dreih" uut Januar. Denn wat de eenlicke Januar is, de geiht nu wier up den römsken Gott *Ianus* trügge. Ick sägg di, de slöög dr nu heelmaol uut de Art; denn met sienen *„Januskopp"* harr he de Sage nao twee Gesichter. Se staoht för Anfang un Ende.

Oh ja, et häff wat up sick met den Januar – män mi geföllt he. Kieket nich auk wi so üm düsse Tiet „met een Gesicht" noch trügge in dat vergangene Jaohr, wat nu to Enne is – un „met dat annere Gesicht" nao vörn hen in dat nie'e Jaohr, wat jüst anfangen is?

Män et geiht noch wieder:

Ianus häff sienen Naomen van dat latienske Waort *ianua* – un dat is de Düöre. Auk dat päss. Auk dör de Düör geiht man ja in un uut… Man lött wat achter sick – un geiht up wat Nie's to.

Drüm is de Januar *(ianua)* so wat es de Düör van dat aolle in dat nie'e Jaohr.

Nu sägg sömms: Steiht em dat nich guet? „Noch" is jä auk Tiet, de an sick ruhige Wintertiet to nutzen, üm nu nao all de Fierdage in Ruhe es öewer mehr naotodenken... Oh ja: De Januar kann us klook maaken. So is auk de Düöre för den Januar 'n schönet Symbol.

Gaoh wi nich, solang wi liäwet, immer wier „dör Düören"? Erst vör 'n paar Dage bin wi to Niejaohr wier dör 'ne graute Düöre gaohn. De Düör to, ligg ächter us Liäben, wat nu to us gehört un nich mehr to ännern is. Dao kann Freide un Dankbarkeit, aower jüst so kann dr auk Wehmoot un Truer met bi sien.

Un „de Düör haruut"?

Weet wi, wat wi willt? Freit wi us up wat? Kiek wi froh un munter, orre schaluu (misstrauisch) un kaduck (kleinmütig) in de Weltgeschicht? Bün wi bange un luerig, orre munter un krebenzig?

Annersrüm könnt wi Düören tosluuten – aower auk wiet upmaaken. Beidet häff so „siene Tiet". Et is guet, wenn 'm maol alleeene sien will, dann hört de Düöre to. Slimm wiärd et aower, wenn sick Mensken insluut' un annere buuten laot'. 'ne Düöre is 'ne Düör un kiene Müer... Bruuk nich auk 'ne Müer 'ne Porte?

De Porte up, kümp Lecht un friske Luft harin; nich up un nich to, häng de Porte tüsken Düör un Angel, „dat is nich wat sall dat" (das ist nichts Halbes und nichts Ganzes). Wat 'ne Porte is, de trennt Müer un Weg – buuten un binnen.

So bünd auk in Klausters de Porten nich eenfach män so Düörens deher, nä, so 'ne Klausterporte, de is ganz wat. Dao is immer eener för di dao. Un wenn du daodör geihs, löss nich bloß wat ächter di – du löss di auk up Nie's in.

Jüst so geiht us dat met den Januar.

Im Märzen der Bauer...

...die Rösslein einspannt.

Tjä, dat was es maol. Fanni de Ackergaul häff uutdennt. Vandage trappelt de Piärde, fien büörstet, wiethen öewer gröne Wiesken, üm sick för dat naichste Turnier munter to haollen. Statt Arbeit hett et Pflege.

Et is all sowiet kuemmen, dat wi Mensken us met Piärdesalbe insmeert, wenn us wat knipp. Nu ja, waorüm nich, wenn et dann helpet.

Daovan aff is use Mönsterland de Piärderegion Nr. 1 in Düütskland. Well hier vandage upsattelt, häff et wisse nich met so wat es 'n Klepper to doon. Kamm et üm 1950 bi Fanni noch up bare Kraft an, kieket de Piärdenarren vandage pingelig nao Anlaot, Fazun un Charakter. Hüü un Hott un Hottemax, ach, dat is vörbi. Daoför lüstet et vandage den fienen Schimmel Aaron gar nao 'n Piärdeflüsterer. Daonao is he wier ganz ümgänglick. Un de Rappe Rabano is heel vernarrt in sienen Physiotherapeuten, de em met 'ne „osteopatische Pferdetherapie" doch sooo glücklich mäck. So süht dat nu uut. Up 'n Fuor Hafer kümp dat dr nich mehr up an.

Wat wör dat fröher doch anners.

Dao wör 'n Piärd noch 'n Piärd. Un wenn im Märzen der Bauer de Rössleins inspann, tellde eenzig bare Kraft.

Belgier, dat wören de Richtigen. De mochen nich bloß iähren Hafer, se gaffen bi de Arbeit auk düftig Smackhafer. Düsse treuen un leiwen Kaoltblöötigen hört to de öllsten Piärderassen öewerhaupt. Swuor un doch fix in' Geschirr göngen düsse düftigen Arbeitsdiere all de Römers flietig to Hande. Vandage bünd se nich mehr graut fraoget. Hier un dao häng bloß noch „ein Pferdehalfter an der Wand".

Denn lange all spannt de Buer nich mehr achter 't Piärd an, sönnern achter sienen grauten Trecker samt Ploog un Egge en eens...

... und setzt seine Wiesen und Felder in Stand.
Er pflüget den Boden, er egget und sät
und rührt seine Hände frühmorgens und spät.

Män nich bloß de Buer kümp nu in' März wier in Sweet.

Die Bäu'rin, die Mägde, sie dürfen nicht ruhn.
Sie haben im Haus und im Garten zu tun.
Sie graben und rechen und singen ein Lied
und freu'n sich, wenn alles schön grünet und blüht.

Kien Wunner, dat et in' März genoog to doon giff. Auk wenn dat Wiär villicht noch de een off annern Dage verrückt spiellen kann, in' März kümp et, dat Fröhjaohr – nich bloß meteorologisk (1.3.) un kalendarisk (20.3.). Wat in' Februar sachte begönn driff sick nu Bahn. Ja, bi schön Wiär flattket all de ersten Flöddersken (Schmetterlinge) dör de Lucht. Auk de Piele-Poggen bünd wier munter. Un wat 'n gueden Tierliebhaber is, de päss nu up, dat de Pedden nich bi all iähr plaseerlick Gedoo dr bi daale kuemmt. Drüm moss di üm düsse Tiet nich wünnern, wenn de een off anner Chaussee so infriedigt is un hier un dao Emmers praot staoht. Dao hett et dann: Vorsicht – Krötenwanderung.

Un wu süht et met dat Wandern bi di so uut? So langsam kann et wier lossgaohn; denn:

Was knospet, was keimet, was duftet so lind?
Was grünet so herrlich, was flüstert im Wind?
Wie ich mich so fragte, da rauscht es im Hain:
Im Märzen der Frühling, der Frühling zieht ein.

Kiek män nao buuten un doo di guet nu an dat schöne Fröhjaohr. Wat? Du döss et bloß in Stiewwel un Sporen? Jö – un auk noch met Gesang:

Im März Kameraden, aufs Pferd, aufs Pferd!
Ins Feld, in die Freiheit gezogen.
Im Felde, da ist der Mann noch was wert…

Ick sägg ja: Dat Fröhjaohr häff et in sick…

April, April

April, April, de mäck, wat he will. "Laot ne…", so sägg de Mönsterlänner hier drüüge drup, „de Welt sall dr wuohl nich van unner gaohn; et regelt sick all's." Ja, sömms wenn he noch so köppsk is, de April, wi bliewet, wat wi bünd. Annersrüm säggt:

> Auk wenn dat Piärd et noch so dull angeiht,
> et krigg kien Kalw…

Un erst de Pielepoggen! Jö doch nu. De plustert sick up un quakt et nu uut, as wenn se in de graute Poletik woll'n. Nu ja, auk dat legg sick: „Solang sie auch quaken vor 'n Markustag (25.4.), solange schweigen sie dann danach." Kiek, häb ick doch sägg: Et regelt sick all's. Dat hett aower nich, dat dann all's ruhig un still is. Van wiägen. Et kann riägen, dat et män so kläddert, et kann weihen, et kann huulen, et kann… all's kann in' April. Auk Tirilieren. Wu hett et doch so schön:

> Julius (12.4.) kümp met Sang un Schall,
> bräng Kuckuck met un Nachtigall.

Drüm seih to, dat du tominnst den April öewer auk ümmer guet Geld in de Taske häs! Weeß jä wuohl, wenn de Kuckuck „Kuckuck" röpp un du häs nix in' Pottemanee, dann – so 'n Elend – kümp dr dat Jaohr öewer so licht nix mehr in.

Dann machs wuohl düftig in' Gaoren wat doon, ümdat de satt wiärs. Üöwerhaupt is dat „sehr gut", üm de „Frühlingsgefühle" in rechte Bahnen to lenken un nich up dumme Gedanken to kuemmen un. Miärk di:

> Arbeit ist für alles gut,
> erst recht wenn es mal wallen tut.

Kiek, so regelt sick auk dat. Ja, in' Gaoren is nu vull to doon. För all dat Gemöös, wat in' Sommer up 'n Disk sall, is in' April Tiet för Saien un Planten. So willt nu auk Radieskes, Ssiepel un Wuordeln in de Erd, akraot in Reih un Glied puot'. Well Traute häff, sett all Salaot. Un is de Erd auk noch lück kaolt un schrao, Tulpen, Narzissen un Kaiserkronen giewwt all guet Farbe. Nich to vergiätten dat löchtende Giäll van de Forsythien. Auk de ersten Veilkes bünd all to finnen. Daruut 'n Tee is 'ne Wohltat för Hals un Bronchien. Denn wenn auk de Sünne hen un wier warm löchtet, so kann di doch glieks drup de Wind wahne to packen kriegen. Un dann geiht dat Hooßen un Snüten loss. Also, pass up, dat di nich verköhls, denn:

> Härengunst un Prilwiär (Aprilwetter),
> Fraulü Leiw un Rausenbliär,
> Kegelspiell un Kartenglück,
> wesselt alle Aogenblick.

Schnickerick Dü dü

Wuvull Spraoken dr up de wiede Welt so küert wiärd, weet kieneener genau, män de Experten meint, et wören noch wuohl so guet 6.500 (Quelle: Crystal, Enzyklopädie der Sprachen S. 284) – unner us Mensken, van de Diers erst gar nich to küeren.

Tüskentiets weet wi nich bloß, wu et Katte un Rüer so angaohn könnt, nää, wi kennt auk all den „Gesang der Wale" un „die Tanzsprache der Honigbienen". Daovan aff „küert" allemaol munter erst recht in' Fröhjaohr hier die Vüögelkes. Well dr es genau henhört, de miärket, dat se sick – oh Wunner – auk antworten doot. Un as wören se us Mensken gliek, giff et auk dao wecke, de snäbbelt un snäbbelt, un wier annere, de bünd so muulfuul, dat se gar bi't Jaapen (Gähnen) den Snabel wiet genoog nich upkrieget.

Dat kann 'm van dat Rautbüörstken (Rotkehlchen) nu aower nich säggen; gaiwe (ausdauernd, kräftig) snäbbelt et met: „Schnickerick!" in de wiede Welt harüm.

Heelmaol niärig (munter, lebhaft) bünd auk de Swalwen. Wat immer dat hett, se roopet: „Tsiwit!" Nu ja, siet Anfang April bünd se van wiet unnerhalw de Sahara her wier trügge. Richtig naodacht, mott de Verstännigung auk dao ächten in Afrika guet klappt häm'n. Alle Achtung!

Kamm ick es nao Afrika hen, konn ick dat van mi *so* wohl nich säggen. Well dr nu auk in Fröhjaohr uut Afrika wier dao is, dat is de Nachtigall. Iähr Küeren un Singen is jä nu ganz wunnerbar. Et fäng langsam un gedehnt an met: „Dü-dü-dü…", dann rullt up un daale 'n wunnerbar Gezwitsker, wat met „Huit!" ennet. Is se aower dull, sägg se bloß hatt un kuortaff: „Karr!"

Män auk de Amsel, off Singdrossel, kann dr wat van. Häff düssen Vuogel erst es guet sungen, mäck he den End met: „Tix-tix-tix".

Jaja, dao könn wu us nu noch so lange met befassen, so ganz wiärd wi daoruut wuohl nich klook. Mott auk nich. Frei di doch eenfach dao buuten leiwer an all dat Schnickerick Dü-dü. Ick sägg mi eenfach so:

> Der Vögel Sprache Tag um Tag,
> wer weiß was das wohl heißen mag.
> Gott weiß es und die Amsel auch,
> die gestern munter saß im Strauch
> und unbegreiflich sprach und sang –
> und doch: welch wunderbarer Klang!

Juliglück

De Juli steiht sick liek met den Sommer. Eenlicks schade, wenn jüst üm düsse Tiet vull Volk weg in Urlaub föhrt. Denn wat sick hier in use schöne Mönsterland in' Juli alles so dött, dat is met nix to verglieken. Well et to schätzen weet, häff Erholung pur. Ick denk daobi an Fontane (1819 – 1898):

> Am Waldessaume träumt die Föhre,
> am Himmel weiße Wölkchen nur;
> es ist so still, dass ich sie höre,
> die tiefe Stille der Natur.

Up de schattige Bank unner 'n Baom lött sick jüst nao 'n Meddag guet 'n Aoge tokniepen. Giff et 'n schönern Ünnerst (Mittagsruhe), äs dao so bi Mutter Natur?

Bloß duusend Miegampels (Ameisen) häbt et in' Sand unner 'n Wuordelknubben noch drock. Män auk so heelmaol sunnendulle Bremsen (Pferdefliegen) brummet aff un an in' Hurrah vörbi. Un gar sowiet nich weg bruuset öewer den spieggelblanken Wieskenkolk (Tümpel) 'n Müggenschwarm up. Erst hen un her, flügg dann de heele Pulk liekuut up den Buernhoff hento – un sett sick dao in eenen Slag up den grauten, drüügen Messfahl to Ruh. So haolt in Juli sömms de Müggen Ünnerst.

Anners de bunte Fasanenhan. De sitt fröh muorns all up dat aolle Weideheck un kick ganz ruhig üm sick. Doch dann geiht sien Köppken up maol sietaff un lustert up dat quierlige Roopen van de beiden Trießhöhnkes (Rebhühner), de ganz ruhig up de Waldlichtung hento pättket.

Off se wuohl de rauden Klapprausen (Klatschmohn) seiht, de dagesöewer wiethen van de Felder her löchtet? Nich mehr lange, denn so üm Jakobi harüm (25. Juli) geiht de Roggenernte los.

Hauch staoht jä all de Ähren un waiget sick sacht in den fienen, heeten Meddagswind.

Dat Käörn is riep.

Unner 't schattige Affdack staoht all de Erntewagen. Män noch blaiht dr tüsken all dat pralle Käörn kräftig blaoe Sprenkel van Triemmsen (Kornblumen).

Dat Mönsterland, es gemaolt...

Wat 'n wunnerbar Beld, wat 'n wunnerbar Liäben. Wunnerbar päss daoto düt Gedicht:

> Der Sommer färbt die Äpfel rot,
> die Trauben und die Beeren.
> Der Mohn in roten Flammen loht,
> sein Leuchten zu entzünden droht
> die satten gelben Ähren.
>
> Nur Farbenpracht, wohin man schaut,
> wohin man hört, ein Klingen.
> Der weite Sommerhimmel blaut,
> in lichte Höhen jubelnd laut,
> die kleinen Lerchen singen.
>
> Der Sommer, er lädt jeden ein,
> zu freuen sich in Wald und Flur.
> Wie schön kann doch das Leben sein,
> da findet jeder, groß und klein,
> sein stilles Glück in der Natur.

So 'n Juliglück wünsk ick auk di es. Un wenn di dao unner 'n Baom nich bloß up de Bank ressen wiss, dann sett di up 't Rad un föhr sachte weg öewer all de lieken Pättkes dör use schöne Mönsterländske Sommerpardies. – Waorüm in de wiede Welt? Hier ligg dat Guede doch so nah.

Hollandrad

Et is gesund un mäck munter, dör use schöne wiede Mönsterländske Parklandschaft to radeln. Auk Bäänd woll dao nu es wat an doon. Denn siene Sefa ligg em all siet langem up de Ohren, dat he in sien Öller nu ruhig wat „beweglicher" sien konn... Dat woll he iähr nu aower es wiesen, wu krieggel he noch wör! He sprüng män so up sien Rad un triäde de Küten dör.

Män siene olle Kaore gaff nich vull mehr her. Un wat quiälde em nu doch dat Gatt! Deibelslag. Heel krumm slörde he sick antlest in Huuse.

„Un dat sall gesund sien?" muulde he verdreiht.

Män Sefa sagg bloß: „Stiefmichel. Wo sall dat hengaohn met di – un met us? Mann, bewiäg di leiwer mehr, dann krieg auk ick wuohl wier mehr Gefallen an di."

Oh je, dat satt!

He nu glieks den annern Dag in Lohmöllers Fahrradgeschäft harin. Mann, de hadden 't aower guet up em staohn! Van wiägen, dao eenfach män dat erstbeste Rad unner 'n Ächtern, 'n Schienken up 'n Disk un dann män weg. Nänä.

Erst moss he dao es up de Waoge. „Das sind ja... so allerhand Kilo. Na ja. Nun auch bitte gleich mal hier auf die Fettwaage. – Hui! Die Fettprozente sind auch nicht ohne... Jaja, wenn man älter wird..."

Dann daien se em gar noch uutmiätten un sließlick feihlde 't em dao auk noch an dat Gesundheitszeugnis. Egaol. Se fruoggden em, off he gau sweeten dai, off he aombüörstig (kurzatmig) was, off he et in de Knuoken harr orre off em villicht all so wat es ne Arthrose to schaffen möök? Godorriundnocheens!

Un dann de Raders, de dao alle de Riege nao stönnen. Wat he sick „bezüglich der Nutzungsart" nu denn so denken dai?

„Also", keek Bäänd up, „ick bruuk et för buuten."

Egaol. „Soll's ein Dreirad, Elektro-, Touren-, Trecking- oder Klapprad, Cruiser- oder Montainbike sein? Oder, hier, vielleicht unser beliebtes Sonderangebot für ältere Männer: ‚Die Holländische Fliege'?"

Bäänd suusede män so de Kopp.

Nu ja, aower an so 'n stabilet Hollandrad harr he auk dacht. Män nich genoog demet. För jedet Rad gaff et nu auk glieks noch so heelmaol spassig-bunt Tüüg. Ne junge Frau, de dao jüst nu auk noch in dat Geschäft harin kamm, kneep em glieks 'n Aoge to un meinde: „Psst. Also für 'n reifen Fuffziger gibt's nichts Schickeres wie so 'n heißes Renn-Trikot. Wow!"

Dao moss Bäänd aower slucken. Un de Kopp wüörd em raut. Män dann wünk he gau aff un stödderde, dat he sick erst es met siene Frau beküeren woll. Spröök et, sagg ardig: „Auf Wiedersehn" – un göng.

För all dat Spielwiärks met de Flitzepees (Fahrräder) wör em dat Geld eenfach to schaa. Un well weet...

Egaol. He sagg sick:

„Dat treck mi hier to harre in't Geld. Laot se küeren, es se willt, ick blief bi mien olle Rad. För miene aollen Knuoken dött et dat allemaol noch. ‚Höllännske Fliege' hen, Sefa her, aower üm wier lück krieggel (munter, leistungsfähig) to wiärn, versöök ick et dann eenfach es met de ‚Spaniske Fliege'..."

Vollmond

Kiek män up 'n Kalenner. Et duert nich mehr lange, dann is et wier sowiet: Vollmond. Alleen dat Waort, un glieks wiärd nich weinige heel kribbelig. Nich minner wild un rüsig geiht et dann in duusend Bedden wier to. Wat 'n Weltern (Wälzen) un Wehren dao nu tüsken de Küssens! Sägg: Kriss du de noch 'n Aoge bi to?

Man sall et nich meinen, män söwst klooke Buern gaoht üm düsse Tiet nu nachts erst gar nich mehr slaopen. Se haolt sick an den Spruch:

> „Soll die Jauche auch gut düngen,
> muss bei Vollmond man sie bringen".

Tjä – un staoht dann nachts auk noch de Fensters lockup, so mott dat all 'n wöösten Stumpax sien, de daobi nu auk noch guet slaopen kann. Öewerhaupt is jüst bi Vollmond to fraogen: Wu süht dat uut met de Blendladens? Schlafforsker meint, wenn de Vollmond bar dör 't Fenster schinnt, kanns glieks dat Lecht anlaoten, üm wacke to blieben.

Un kümp he nu doch, de Slaop, dann bruuks bloß denken: „Auk dat noch!" Dann smiet män gau 'ne üörnlicke Ladung Suorgen in' Slaopstuoben, dann sall de Maond se di wuohl van alle Ecken un Kanten her düftig uutlöchten.

So 'n Kopp maaket Kinner sick Gott Dank jä nich.
För iähr Kinnerköppken häff de Maond ganz eenfach noch 'n Gesicht. Dao kick de Maond de Kinner dann von buoben so an un sägg:

„Nu moss auk fein slaopen." Un se fraoget em: „Döss du dat dao buoben denn auk?" Un he sägg iähr: „Oh ja, ick legg mi glieks sacht up 'n schön Wölksken un kniep de Aogen to. Drüm: Guede Nacht nu auk dao unnen." Un jüst so iäben noch könnt de Kinner antwuorden: „Auk so...", dann slaopet se all.

Kiek. So eenfach is dat.

Un wi Grauten?

Wi Grauten maaket us immer graute Gedanken. Wi simmeleert harüm un behannelt em dao buoben klook es 'n Trabanten. Willt wietten, wat för Nücke he wuohl wier met us vörhät un off he... un off wi…

Ach jao, lange is et her, dat he auk för us noch 'n Gesicht harr un wi van em süngen:

> Über fahle Felder ist er fortgerollt,
> hing in dunkle Wälder, wie ein Gong aus Gold.
> Segelte als Sichel über Wiesen hin;
> Wanderern ein Lenker, Liebenden Gewinn.
>
> Manchmal schnitt er Fratzen und hat breit gelacht,
> Menschen hat und Katzen er verrückt gemacht.
> Aber Trost den Kranken war sein sanfter Schein;
> Trunkene Gedanken gab er Dichtern ein.

Neunzehn-neunundsechzig ha'm zur halben Nacht
wir ihn um den Zauber und den Glanz gebracht.
Wollten nichts versäumen mit Raketenkraft –
doch sein sanftes Träumen ha'm wir abgeschafft.

Ja, statt met em to draimen, wehrt un weltert wi Grauten leiwer met em harüm. Un wenn nix mehr helpet, mott de Maond gar för use eegenen Laigheiten herhaoll'n.

Wuvull biätter wör dao doch eenfach es maol 'n schönen Vollmondspaziergang. Dao kümms up annere Gedanken bi. De graute runde Maond, „wie ein Gong aus Gold" öewer Bäöme, Felder un Wiesken, dat is nich bloß wunnerbar, so wat kläört auk usen kribbeligen Kopp.

Män wat sägg ick dao. Bäänd will daovan jä doch nix wietten. So wat smitt he glieks wiet weg. Van wiägen sien Rheuma, wat em bi Vollmond ümso mehr quiält. He sägg, all siene aolle Tante fröher, konn dr 'n Leed van singen.

Die Schwester vom Opa, die Tante Marie,
die fühlte bei Vollmond das Wetter im Knie.
Fest sagt sie zum Opa: Gleich stürmt es bestimmt.
Doch hatte wohl Rheuma daselbst gar der Wind.
Dann sagte ihr Knie: Viel Regen wird sein!
Doch fing's anderntags dann nur an zu schnein...

Oh, wat is Bäänd verdreiht, wenn he dat hört! Well sömms Rheuma harr, de dai nich so dämlick küeren.

De harr ganz anner Suorgen. Mann. He dai daogieggen bi Vollmond wuohl giäne met 'n Nachtwandler tuusken. De konn sick weinßens noch bewiägen! Weeß jä wuohl, de Sorte Mensk, de dao bi Maondlecht buoben öewer't Dack harümspazeert, in' lang witt Nachthiemd met uutgestreckte Arms.

Un doch wünk Bäänd auk dao glieks wier bi aff. He meinde, wat so 'n richtigen Rheumatiker wör, so es he, de konn sick noch so anstrengen, de kaim erst gar nich up 't Dack!

Tjä. Dao maak nu es wat...

Biärnbaom in' Gewitter

Üm de Meddagstiet kippde he üm, de löchtende, heete Sommerdag. Dao sagg de Buer nao 'n Ünnerst: „Wat ick di sägg, dao buuten, dat giff glieks wat. Män eher dat et schuert, föhr ick noch gau in de Stadt. Ick mott dao noch hen un haalen wat..." „Gaoh to", sagg de Merske (Bäuerin) drup, „ick haoll hier Huusbest (ich passe hier schon auf), dann kann 'k auk es maol wier in Ruhe tüünen (näöhen, flicken)."

So was dr kuort drup Ruhe in de Pöste.

Up 'n laaten Naomeddag hento wuord et buuten mehr un mehr drückend-schwül un ganz un gar dimstrig. De Hiemmel wör gries es Zinn, bloß van wieden lück giäl un sietaff gar violett infäörwet.

In Huuse brannde unner 't Krüüz met dat drüüge Palmstrüüksken eenzig 'n Ölgelämpken. De Frau woll bi dat Wiär nich graut Lecht maaken. So was dat Huus all so guet es düüster.

Denk nich, dat dat Menske bi düt Wiär dao alleene in Huuse bange wör, dat nich, aower se harr sick män doch in' Naihstuoben verkruopen. Dao nösselde se nu met so allerhand Flickwiärks üm dat lütke Lämpken van de aolle Singer-Naihmaschin harüm. Wenn nich jüst de Naihmaschin suusede, wör et muckmüüskenstill.

Un bienaut (drückend) wör et; de Luft stönn. Drüm stönn dat Fenster metsamt de Blendladens lockup. Aff un an grummelde et all. Blitzte et van wieden detüsken, möök se, ohne uptokieken, 'n Krüüßteeken. Doch dann up maol krachte naihge bi de Donner – un rullde wiethen weg.

„Nu aower Sluss hier!" raip de Frau dr kieggenan. Noch 'n Stück Garn in' Mund, göng se up dat Fenster an. Se woll et tomaaken un bleef doch staohn...

Ganz met sick eens, keek se in Gedanken nao buuten.

De Klämmerkes (Kapuzinerkresse) höngen düörstig un slaffmatt van' Tuun; de aolleTuun met dat graute Heck (Gattertor) üm den schattigen Appelhof (Obstgarten). Kien Blättken, wat hen- un herwaigede. All de Bäöme, se lööten sick hangen – orre ducknackeden se sick vör Angst?

Dat Knistern in de Luft wör baoll all to föhlen. Bloß giennen, achter 'n Koben (Schweineauslauf), ganz alleen up de graute Wiesk, reckde sick piel up de aolle Biärnbaom in de Höchte.

„Jüst so es 'ne graute Flamm, de hiemmelwärts lodert", sinneerde de guede Frau un wiskede sick met de Schüött den Sweet aff. Se wör ganz in Gedanken. Möök et dat Wiär? Orre de Stille, so met sick alleen? Rose Ausländer (1901 – 1988) kamm iähr in' Sinn:

> Manchmal
> spricht ein Baum
> durch das Fenster
> mir Mut zu
>
> Manchmal ein Mensch
> den ich nicht kenne –
> der aber meine Gedanken und Worte
> erkennt

Wenn se den Biärnbaom dao söhg, moss se glieks auk noch an dat Fontane-Gedicht denken, dat se as Kind in de Schoole bi Frollein Evers so guet hät upsäggen konnt.

Iähr Gesicht kreeg Glanz un füng dao up maol kieggen dat grieselick Wiär to löchten an; denn se flisterde för sick:

Herr von Ribbeck auf Ribbeck im Havelland,
ein Birnbaum in seinem Garten stand.
Und kam die goldene Herbsteszeit
und die Birnen leuchteten weit und breit,
da stopfte, wenn's mittags vom Turme scholl,
der von Ribbeck sich beide Taschen voll.
Und kam in Pantinen ein Junge daher,
so rief er: „Junge, wiste 'ne Beer?"
Und kam ein Mädel, so rief er: „Lütt Deern!
Kumm man röwer, ick häb hier 'ne Beern."

Ja, satt iätten an de leckeren Biärnen, dat konnen sick immer auk iähre Kinner samt all de Naoberskinner. Konn et in' Pardies schöner sien? Un wu oft häff iähr Mann nich auk so ähnlick es de Herr von Ribbeck roopen. Se sömms nich minner: „Hier! Kuemmt män rüöwer! Up de Bank steiht 'n heelen Kuorf vull leckere Biärnen! Stoppt ju de Tasken män vull!"

Un doch. Erst in Februar noch harr iähr Mann säggt: „Den aollen Kostgänger dao, den hau ick nu üm; vull drägg he jä doch nich mehr." Män dat harr se em soiäben noch uutküeren konnt. So lange se denken konn, stönn he dao, de aolle Baom met de Bank dao drunner.

De Bank... Generationen, häbt dao truulick siätten. "Un de Biärnbaom daoröewer, wat is he doch maol wier guet dörkuemmen", lächelde se för sick hen. De herrlick witte Blaite, de fiene Duft un de summenden Immen, de sick munter in em tummelden...

Wu schön! Un nu höngen se de all wier dran, de Biärnkes, mündkesmaote, noch lück hatt, aower doch sööt – un tüskentiets so rar: Die Westfälische Speckbirne. Wo is de nu noch to finnen? Geiht man dao denn so eenfach met Biel un Saage dran? Spiellt bi so 'n Baom nich mehr noch met, äs bloß dat Holt?

Biestrig de Blitze un gefäöhrlick dat Dönnern nu. So 'n Blitzen is kien Spiellwiärk. Auk de Wind friskede nu plüüsterig up. Glieks drup klädderden auk all dicke Druopens hatt un hall up dat Affdack. Dat Waater fööl nu män so van buoben daale. Un de Bruusewind rüüskede wild in de Appelbäöm harüm. Eenzig de aolle Biärnbaom böhg sick dao ächten bloß so iäben hen un her, so as woll he sick nich giebben.

Auk de Merske stönn dr immer noch an 't Fenster – ganz in Gedanken. Wu schön frisk röök nu up maol de Luft dao buuten. – Män dann: Ohne Gnade, grell un strankiel (hart, streng) göng de Blitz runner. In' sölwigen Moment krachde es 'n Pietskenknall de Donner. Splitternd hallde et nao... Et harr em troffen. Sien Stamm wör bloß noch 'ne klaffende Wunde. Sietto lag Astwiärk un Krone. Verwundet auk de Bank, rechts nu met 'n swatten Striepen. Verwundet van binnen auk de Frau. Auk iähr Hiärt harr et troffen. Ratz slöhg se nu dat Fenster to. Ihr Schreien bleef buuten. De Wind weihde et weg – wiet weg. Verbaast laip se in Huuse harüm un namm den Rausenkranz.

As de Buer uut de Stadt wier kamm, verstönn he siene Frau gar nich. „Stell di doch nich so an", sagg he, „män guet, dat et bloß den aollen Baom dao buuten troffen häff. Ick haal glieks muorn Biel un Saage. Dann krigg he den Rest." De Frau sagg nix. Se dachte bloß: „Ach, ji Mannslüe. Wat us Frauen bis an't Hiärt geiht, dat geiht ju Kerls doch män bloß bis an de Knei'..."

Peter un Paul

An' 29. Juni is Peter un Paul. Met düsse Naomen steiht de Dag baoll in alle Kalenners. Immerhin gieff et us de beiden auk vandage noch allerhand to denken. Daobi wören de beiden so „lammfromm" gar nich. Beide harren, wu 'm hier sägg, „Kopp un Knuoken". Se laiten sick so licht nich wat för wies maaken. Faste stönnen beide met beide Fööt up de Erde un wüssen wuohl, wo et lang göng.

Beide harren se aower auk heel unnerschiedlicke Charakters.

So wör Petrus 'n „eenfachen" Fisker un Paulus 'n „grauten" Gelehrten. Un doch konn de eene nich ohne den annern. So is dat in' Liäben büs up'n Dag: Egaol off Baumester (Großknecht) orre Magister, för sick alleene is nich eener wat.

Wiärd auk *de zerstreute Professor* faken van *Otto Normalverbraucher* nich immer ganz för vull nuommen, so naidig häff nu doch *dat eenfache Volk* auk de Gelehrten; denn: „der Mensch lebt nicht vom Brot allein". Un ümgekehrt gelt dat auk.

Wenn dr bloß noch klook küert wiärd, woher sall dat Braut denn wuohl up 'n Disk kuemmen? Un well de noch so fromm siene Bittgesänge gen Hiemmel schicket, päck he nich auk met an, dann kümp daobi – met Petrus spruoken – „kein Fisch ins Netz".

Egaol off Bäcker orre Fisker, wenn se beide guet bünd, bünd se – up iähre Art un Wiese – beide auk klook. Wenn et de Gelehrte versteiht, us up guede Gedanken to brängen, dann is he nich bloß klook, dann dött he us gar auk noch guet. Feihlt den klööksten Magister aower de Bodenhaftung, dann is he gliek den Klättker (Maurer), de wuohl küeren, män nich müeren kann.

Un noch wat liährt us Peter un Paul:

„Affkieken" is so slecht in' Liäben gar nich, dat Doon aower, dat mott jeder sömms up siene Art. So häff jedet Kind Gott's met sick sömms genoog to doon, wenn et dedrüm geiht, „identisch" to sien un sick nich ümbaihgen to laoten.

Män auk wenn dat männigmaol nich guet geiht, so es bi Petrus, so kümp et derup an, wier uptostaohn un nich eenfach liggentoblieben. Et geiht in' Liäben nu maol nich immer bloß munter liekuut liekan, et kann auk up krumme Wiäge hatt un suer wiärn...

Beide, Petrus un Paulus, stönnen för dat, wat se liäweden. Se häbt sick van „de Grauten" nich met Geld un guede Waorde ümbaigen laoten – un mossen daoför gar antlest in Rom unner Kaiser Nero so üm 55 harüm iähren Kopp laoten.

Petrus sien Graff ligg in' Vatikan unner den Petrusdom; Paulus kam lück sietaff to liägen, in de aoltehrwürdige Kerk St. Paul vor den Mauern.

Denk wi an dat Gekraih van den Hahn, so steiht Petrus för „dat Inknicken", jüst es et us sömms jä auk wuohl maol so geiht. Well is denn all samt un sönners ohne Fehl un Tadel? Well häff aff un an nich wat met sick to knappen? Well is all alltiets 'n lebennigen Engel up Erden?

„Ganz Mensch" steiht Petrus antlest nu aower doch för „Treue und Hingabe bis in den Tod" – un daomet giff et eenlicks kienen Biätteren för dat Papstamt. Paulus konn guet schrieben, wör „redegewaltig" un kamm to de Tiet all viell rund in de Welt. He küerde de Lüe in't Gewietten. He, de immerhin dat römiske Bürgerrecht harr, is nao de Apostelgeschichte sließlick äs Gefangener in Rom anklagt wuorden. Mannhaft häff he sick dao dann noch met den Kaiser hat; denn äs Gelehrter lait he sick nich es 'n Döttken behanneln. Dat dat den Kaiser wuohl quer göng! Auk Paulus kossede dat sien Liäben. So steiht he för „unbeugsame Gewissens- und Grundsatztreue".

Beide, Petrus un Paulus, staoht jüst vandage auk för „den konfessionellen Gegensatz"; hier Petrus met dat Papstamt un dao Paulus met de van em begrünnete „Theologie der Rechtfertigung", an de sick de Luddersken haolt.

Us beide aower draff dat äs Christgläubige nich daovan affhaolen, endlicks wier met de „Einheit der Christen" ernst to maaken.

Denn auk wenn Petrus un Paulus beide unnerschiedlicker nich sien konnen, so bünd erst beide tesammen „die Gründungsväter der einen christlichen Kirche". Dat to bedenken is mehr äs guet, jüst to Peter und Paul. Weeß ja: För sick alleene, is nich eener wat.

Also: Wann gaoh wi endlicks wier Hand in Hand?

Erntedank

Kerklicken Fierdag is Erntedank all siet et 3. Jaohrhunnert. Weil et aower landup, landaff unnerschiedlick Wiär un somet auk unnerschiedlicke Erntetieten giff, wesselde Erntedank hier un dao. De Juden fiert tweemaol Erntedank: To Pingsten äs Getreide-Erntefest un in Hiräwst äs Laubhüttenfest (Sukkot). Noch 'n Stück laater tellt *Thanksgiving* in Amerika an' veerden Dönnerdag in November to den höchsten staatlicken Fierdag in' Jaohr.

Hier bi us is siet 1972 de erste Oktobersunndag so wat es de amtlick katholiske Erntedankdag; de Luddersken häbt daoför den Michaelsdag (29. September).

Wann immer wi Mensken auk Erntedank fiert, Hauptsaake is dat wi dat fiert un Dank un Sinn nich eenfach suusen laot'. Giff Gott siene Erntegaben nich för us alle? Drüm gaoht Fest un Fier to de Ernte auk up „twee guede Verwandte" trügge:

Solang sick de Mensk äs *Geschöpf* versteiht, is auk de *Schöpfer* ümmer met debi… Dat eene geiht nich ohne dat annere. Dat hett aower auk: Wi Mensken bünd för de *„Schöpfung"* mitverantwortlick. Auk wenn wi meint, dat wi noch so klook bünd, et wiärd gefäöhrlick, wenn wi sömms Schöpfer spiellt. Wenn wi meint, et göng – ohne usen Schöpfer – bloß noch män so nao usen eegenen Kopp, dann „Gnade us Gott".

Ick sägg hier bloß: Umweltverschmutzung, Wetter- un Klimakatastrophen, Ozonloch, Genmanipulation… Auk dat häff vull met Erntedank to doon. Waorüm? Ganz eenfach:

Eenzig de, de dr danken kann, häff auk Achtung vör „Gott un de Welt". Anners harüm bruuk wi mehr denn je Erntedank, daomet use Kinner auk weet', dat de Katuffel uut de Erde un nich uut 'e Frittöse, un de Miälk nich uut Tuten, sönnern uut Köhe kümp, de ganz un gar nich violett bünd un schon gar kiene Schokoladenriegel schieten könnt.

Ja, man sall gar nich meinen, wu wichtig Erntedank för us is.

1. R – l i – 1

Ick gaoh giän öewer'n Kerkhoff; erst recht up 'n Volkstrauertag. As ick bi gries Wiär dao maol wier laip, hörde ick miene Bessmaa (Großmutter) wier säggen:

„Se häbt et uutschreit dao nao 'n Stücksken Braut. Gaoh mi weg met Krieg, wenn ick daoran denke, dann gripp et mi immer wier an't Hiärt.

Wat mäck de Krieg de Welt doch slecht. Ick sägg ju sicher, dat sitt us hier noch lange hatt. Obschonst wi dr Kopp un Kragen riskeerden, häff wi us bi Nacht un Niäbel männgimal met 'n Stück Stuuten an' Tuun daohen waoget, üm iähr guet to sien. Se greepen et us grienend män so uut 'e Hande. Un doch häbt et de mehrsten dao nich öewerliäwet – daobi wören se noch so jung. Nu ligget se wiet weg van Mütterchen Russland hier up 'n Kerkhoff – sietto, up 'n Kamp för sick. Wann immer ick de bin, ick kann de nich an vörbi gaohn..."

So küerde de guede aolle Frau fröher faken bi us an' Disk öewer „dat Russenlager". Vandage is dao nix mehr van to seihn; aower de lütke Kamp van 1945 dao sietaff up 'n Kerkhoff, de is dao noch. Un de Waorde, de ick as Kind so hört häb, de bünd dr auk noch...

Drüm kann auk ick up 'n Kerkhoff bes up 'n Dag dao nich guet an vörbi gaohn. Up rund 500 m² ligget se dao, 165 russischke Kriegsgefangene, akraot registreert. So auk: 1. R – li – 1 = Alexander Iwanow.

Dao ligg he also: 1. Riege, linker Hand, 1. Graff.

Akraot daoniäben is een Steen es de annere. All de Naomen van de jungen Kerls; de wisse leiwer liäben wollen, äs „Helden" to sien...

An de Hiegge 'n Steen, dao steiht drup: Arzt Lawrinowa Witecki. Häff he daoför studeert, dat he hier elennig in de Erde moss? Daotüsken eenfach Gräs. Daoröewer graute Eiken.

Wu graut wören de wuohl, as hier de junge Arzt siene lessde Ruhe fünn? Off noch wuohl eener van em küert? Well mach dat sien – un wo mach dat wuohl sien?

Laof föllt still un sacht up all de lütken Gedenksteene. Duusend Blaar un mehr ligget „gefallen" dao so harüm. Un doch sind et wisse nich sovull es 55 Millionen... 55 Millionen Mensken, de dr in' twedden Weltkrieg „fallen" bünd – tüsken den 1. September 1939, van 5.45 Uhr an büs 'n 8. Mai 1945 üm 9.25 Uhr. De heele Tiet in eens dör, alle Minute 17 daude Mensken. Russen, Düütske, egaol...

Volkstrauertag. – Wat för 'n Dag.

Ick staoh naodenklick unner de Eiken dao bi Alexander un Lawrinowa. All de Kriege vandage kuemmet mi daobi in' Sinn. All de barbarsken ‚Milizen' in Afrika un süss wo, samt all de irre vermummten ‚Selbstmordattentäter' in...

Un ick hör büs up' n Dag miene Bessmuor säggen: „Wat mäck de Krieg de Welt doch slecht."

An alle Ecken un Enden feihlt et an Geld – män för Krieg is ümmer Geld genoog dao. Liärn wi daoruut nix? Immer wier spiellt sick so 'n upgeblaosenen Satan up, de Gott weet wat verspreck, aower doch män bloß sick sömms mennt – un us Feindbilder in' Kopp sett.

Gaff et kienen Krieg, gaff et auk kienen Hunger up de Welt, et göng us alle biätter – vull biätter! Stell di dat vör:

Mehr äs 1 Milliarde Mensken müett Dag för Dag met weiniger äs 1 Dollar „liäben", aower de Rüstungskosten, de bünd in de Welt nu all öewer mehr äs 1 Trillion (1.000 Milliarden) Dollar ruutschuotten.

Wat mäck de Krieg de Welt doch slecht.

Geiht dat wüerklick nich anners? Wat 'n hiemmelschreiend Armutszeugnis för us alle. Wo sall dat met all den Irrsin bloß noch hengaohn...?

Volkstrauertag.

Ick staoh dao un will wieder, den Patt längs, tüsken de Gräwer. Sietaff geiht 'ne aolle Frau an mi vörbi, heel krumm met 'n Stock. Ja, wi alle weet': Daut un Liäben, dat bünd Bruor un Süster van us – use Feinde aower, dat bünd ganz annere. Use wahren Feinde, dat bünd Kriegshetzer, grautsnuut'e Satansbälge un drieste Menskenquiäler.

Düsse Feinde dröff wi nich länger nao 'n Mund küeren.

Düsse Feinde dröfft gar nich erst graut wiär'n.

Denn well meint, sick öewer de Menschheitsfamilige stellen to können, häff in de Menschheitsfamilige nix to kummdeeren.

Volkstrauertag:

Naodenken... Ümdenken...

Anners denken...

Ick kann dat wuohl

Wat lött Jaohr för Jaohr Duusende van Mensken nao Mönster in dat Euthymia-Zentrum bi de Clemens-Schwestern kuemmen?

„Beten, Bitten und Danken", sägg eene, de dat wietten mott, Schwester Raphaelis. Et kuemmt „Menschen aus ganz Deutschland, viele auch aus dem Ausland und aus Übersee. Ungezählt dabei sind all die vielen Beterinnen und Beter, die in gläubigem Vertrauen die Grabstätte der Seligen aufsuchen."

Wann immer Mensken in Naut un Bedrängnis bünd, bi Schwester Euthymia föhlt se sick annuommen. Well ohne Traust is, wiärd Kraft un Hölpe gewahr.

„Danke liebe Schwester Euthymia" – niäben noch mehr Votivtaofeln, Breefe un Bitten steiht düsse schlichte Danksagung inmeisselt in 'n hännig Krüüz uut Baumberger Sandsteen tüsken hunnerte Bloomenstrüük un glämmende Lämpkes.

„Ein lebendiges Glaubenszeugnis" is de Euthymia-Graffkapell up 'n Zentralfriedhof in Mönster.

Ick sägg di, et wiärd di anners, wenn dao steihs.

Nich ümsüss is de leiwe Schwester Maria Euthymia „die große Fürsprecherin des Münsterlandes".

Papst Johannes Paul II häff se an' 7. Oktober 2001 selig spruoken. Et dött guet, säggen to können:

„Se is eene van us hier."

Schwester Euthymia kümp – ganz hiesig, Platt küerend – van de Buern her. Up 'n Hoff an' 8. April 1914 in Hopsten-Halverde äs Emma Üffing geboren, göng de gelernte Huushöllske 1934 in de Kongregation der Barmherzigen Schwestern (Clemens-Schwestern). Dao lööt se sick äs Krankenschwester uutbilden un stüörw an' 9. September 1955 äs

Schwester Maria Euthymia in Mönster.

Iähr Gedenkdag is iähr Stiärwedag:
de 9. September.

All to Liäftieten sprööken de, de düsse allemaol guede Schwester Maria Euthymia kannden, van iähr äs den „Engel der Liebe". De Lüe miärkten glieks: Düt Menske geiht nich hauhge upschüöt' (sie will nichts Besonderes sein). Auk is se wiet mehr äs 'ne fromme Kloppe (Betschwester). Uut düt leiwe Kind Gottes stigg mehr up, äs ansüss bi us Mensken so „normal" is.

Streng di män ruhig an, met 'n Kopp kümms daobi nich wiet. Biätter geiht dat met 'n „offenes Herz". Alle, de se kannden, saggen:

> Et wiärd di warm üm 't Hiärt,
> wenn du et met Euthymia to doon kriss.

De leiwe guede Schwester wör sick för nix to schaa. Egaol wat de wör, se dai, wat se konn. Nich eenmaol, dat se es Neefeil (eine Absage) gaff. Nich eenmal hörde man van iähr: „Schiär di futt" (geh, lass mich in Ruhe). Kneepen annere un wünken bi Ungeliägenheiten aff, so sagg se ruhig un fröndlick up Platt:

„Ick kann dat wuohl."

Daobi stönn se nich selten in Berge van Wäoske. Un jüst den Krieg öewer gaff et in de Wäöskerie van dat St.-Vinzenz-Hospital in Dinslaken Arbeit büs to'n Ümfallen. Män auk nao 'n Krieg wör se van 1948 bes to iähren Daut 1955 in de Wäöskerie van de Raphaelsklinik in Mönster. Nich eenmaol, dat se verdreiht wör.

„Ick kann dat wuohl."

Niäben de hatte Arbeit kümmerde se sick auk noch üm de kranken Kriegsgefangenen un Zwangsarbeiter.

Vielle daovan lagen met ansteckende Krankheiten up de Isolierstation elennig dedaale. Uut frie'e Stücke öewernamm se Nachtwachen un höölt met „Gebet und Zuspruch" Stiärwende de Hande.

Ohne sick sömms to schonen, gaff se Biestand, spröök Verbiesterte guet to un versuorgede Fremdarbeiters stiekum met Iätten un Drinken, offwuohl se daoför bi de Nazis Kopp un Kragen riskeerde. Iähr kümmerde dat nich.

„Ick kann dat wuohl."

Daobi woll se nix anners, äs „ganz im Sinne Christi" de Mensken guet sien:

„Der liebe Gott soll mich brauchen,
ein Sonnenstrahl zu sein,
der den Menschen leuchtet",

so schreef se es maol nao Huuse hen. Un et is wisse kien Tofall:

As se stüörw, kreeg in' glieken Moment de Sönne Kraft un scheen dör 't Fenster hell up dat friedlicke Gesicht van de daude Schwester.

Gleiw män ruhig, de „Engel der Liebe" is nich stuorben…

Se söhg mehr

As an' 8. September 1774 in de Coesfelder Buerskup Flamschen met lebennig Geschrei 'n Wichtken up de Welt kamm, konn daomaols noch nich eener ahnen, dat met dat Kindken „die größte Mystikerin des Münsterlandes" geboren was.

Un doch göng et all ungewüöhnlick loss.

To de Tiet ungewüöhnlick wör all, dat düt Wichtken, weinßens so aff un an, Liäsen un Schrieben liärnde. Auk wör se naoher inhuuse mehr äs bloß 'ne flietige Kötter-Magd. Dat göng so wiet, dat se met 17 Jaohren „selbstbewusst" iähr Bündel namm; üm „in de Stadt" (Coesfeld) Naihske to liärnen. Se harr äs junge Frau wisse wuohl „wat drup"; denn all baolle söhg man se mehr äs giäne äs flietige un upgeweckte „selbständige Hausschneiderin" in de Buerskupden rund üm Coesfeld.

Män auk dat bleef nich so.

Met 25, so in' beste Öller, kreeg iähr Liäben 'n heelmaol anneren Drall. Wu sall man et säggen?

Se söhg mehr...

„Normal" wör dat nich guet to verkläoren. Eenlicks wüss se sömms noch nich so genau, wat met iähr vörgöng. Män deep inwennig pöck et iähr mehr un mehr. Se föhlde, et göng üm „usen leiwen Herrn".

Guet so. Män wu kann 'm anner Mensken dat verkläören? Met so wat kümms licht uut 'e Spuor, sömms bi so Lüe, de ansüss wuohl van de Kerke wat haollt.

Drüm liäwede Anna Katharina up iähre Art still daomet. Se woll met sick sömms in reine Bahnen. Also tröck se sick trügge, lernde dat Üörgelspiell un göng met 28 Jaohren sließlick in dat Augustinerinnenkloster Agnetenberg bi Dülmen.

Aower auk dao söll se up Duer kiene Ruhe kriegen.

Napoleon un siene Truppen kammen iähr barbarsk detüsken. Säkularisierung wör nu dat graute Modewaort, wat för de Kerk de reinste Katastrophe wör.

Auk Anna Katharinas „Klosterheimat" moss dicht maaken. Man stell sick dat vör: Äs lessde Nonne möök se dao 1811 de Klausterpaorte achter sick to.

Van nu an wör se bi den französischken Geistlicken Abbé Lambert in Dülmen Huushöllske. Aower auk dat göng män bloß so twee Jaohre guet. Denn so van 1813 an kreeg se 'ne swaore Krankheit. Se tröck sick krumm van Piene un konn so guet es nix mehr. Duerde nich lange, un se kamm nich es mehr uut' Bedde hauch. Ganz un gar wunnerlick daobi wör, dat se van nu an so guet es nix mehr att. Düt Wunner nich genoog, wieseden sick bi iähr nu auk noch Stigmatisierungswunden. Demüötig namm se dat fromm met Würde.

Nu kammen Mensken gar van wiet her un fünnen bi iähr Traust un Kraft. Mensken, de nich mehr in noch uut wüssen, richtede se wier up.

Deep uut iähre Siäl haruut gaff se Liäbenshölpe un wör „stets eine gute Ratgeberin". Daotüsken kreeg se immer wier „Visionen vom Leben und Sterben unseres Herrn Jesus Christus".

Wiesepitts kamen met so wat nich guet terechte. Se wüssen sick nich anners Raot, äs dat se iähr „amtlick" to Liewe rückeden. So befasste sick 1819 nu 'ne staatlicke Untersuchungskommision met „dieser außergewöhnlichen Frau".

Män auk de klooken Dokters un Schriftgelehrten konnen sick „das Wunder Anna Katharina Emmerick" nich verkläören. Se mossen togiebben: Dao bünd auk wi met use Latien an' End. Dao bünd annere Kräfte bi to Werke. De Frau häff so wat es 'n Draoht in 'e annere Welt...

Dat kreeg auk de Dichter Clemens Brentano (1778 – 1842) gewahr. Em lööt dat nich ruhen. He sett'e sick van nu an immer wier an iähr Bedde un schreef dat up, wat se em sagg. Auk daomet dai man sick – Jaohre laater – wier schwuor. Män dat is in erster Linie auk gar nich de Grund, ümdat de katholske Kerk iähr siälig spruoken häff.

In Wüerklichkeit geiht et, so de mönsterske Domkapitular Hülskamp, üm de „tiefe Menschenfreundlichkeit und soziale Gesinnung der Anna Katharina Emmerick, ihre Aufrichtigkeit und ihr unerschütterlich konsequentes Glaubenszeugnis gerade auch in Zeiten religiöser Umbrüche."

Dat päss. Denn up de Fraoge, off he äs Dichter un Gelehrter Anna Katharina Emmerick wuohl met eenen Satz kennteeknen konn, sagg Clemens Brentano:

„Voll Trost und Kraft war sie ein Kreuz am Wege."

Upmerken lött auk de Uutsage van de Schauspielerin Tanja Schleiff. Allemaol guet spiellde se in den Film „Das Gelübde" (2007) de Anna Katharina un sagg:

„Ich habe mich sehr intensiv und so objektiv wie möglich mit dieser außergewöhnlichen Frau beschäftigt. Anna Katharina fasziniert mich. Sie ist für mich groß und bewundernswert, ein außergewöhnlich gutes menschliches Vorbild.

Sie war eine mutige und tiefgläubige Frau mit einer übernatürlichen Ausstrahlung; eine wunderbare Aura muss sie umgeben haben. Selbst größtes Leid ertrug sie mit Würde und verzagte nicht. Sie muss ungemein willensstark gewesen sein, unbeirrbar ehrlich, aufrichtig und stets liebenswürdig. Bei all dem besaß sie eine große Menschenkenntnis und hat sich trotz aller Widerstände im Leben immer ihr heiter kindliches Gemüt bewahrt."

Anna Katharina Emmerick, de graute Mystikerin uut use Mönsterland stüörw an' 9. Februar 1824 – drüm is de 9. Februar auk iähr Gedenkdag. Iähr Graff is in de Krypta van de Heilig-Kreuz-Kirche in Dülmen.

Käsken

Siet Ende van et 18. Jaohrhunnert giff et in Mönster dat Lambertusspiell. To Enne van de Erntetiet wör et buuten noch maol 'n schönet Naoberfest. Unner Kränze, de üm de Lambertikerk öewer de Straote hüngen, spiellde un danzede dao vör Jaohr un Dag Jung un Aolt to Lamberti (24.09.).

Düssen schönen Hiärwstbruuk wollen nu auk de Lüe in' Mönsterland nich missen. So van 1810 an smückeden denn auk all vielle met Hiärwstblomen un Heidkruut ümwickelte Lechtpyramiden so männig Düörpken. Besönners för Mägde un Knechte wör et niäben dat Schützenfest noch 'ne schöne Affwesselung vör de dunkle Jaohrestiet. Män aff un an bleef et nich bloß bi 'ne schöne Affwesselung. Drüm gaff de Obrigkeit 1850 düsse Order haruut:

> Das Aufstellen der Pyramiden in engen Gassen und auf häufig befahrenen Wegen oder Straßen ist verboten; ebenso lautes Rufen und das Absingen unanständiger Lieder.

Hört, hört! Dat satt. Daomet vergöng de Grauten iähre „Lambertus-Luune". Un wat nu ehedem eenlicks 'n Hiärwstfest „met Schmaus un Tanz" för graute Lüe wör, wuord mehr un mehr 'n Laternen-Spiell för Kinner un dat Jungvolk. Daobi möök dör et Mönsterland dat Waort „Käsken" (von Kerzchen) de Runde.

Auk ick denk giän an 't Käskenspiell trügge. Hand in Hand tröcken wi Kinner met Gesang to Lamberti kieggen Aobend dör de Naoberskup un süngen:

> Kinnerkes kuemm ji nao't Käsken,
> dat Käsken is so wunner- wunnerschön,
> dürft auch alle mit uns gehn –
> und das schöne Käsken besehn...

Mehr un mehr Kinners kammen met bunte Latüchten daoto. Daobi süngen alle:

> Laterne, Laterne,
> Sonne, Mond und Sterne,
> brenne auf mein Licht, brenne auf mein Licht,
> aber nur meine liebe Laterne nicht.

So göng et sließlick up Naobers Wieske hento. Un dao stönn et: Dat Käsken.

Et wör 'ne graute Stehledder. De Wichter harren den Naomeddag öewer Käskesbloomen un Gröön plücket, üm daomet de Ledder fien to smücken. Met Gefallen sitt mi vandage noch de friske Kruutgeruch in de Niäs.

Tüskentiets wören wi Jungs met use Taskenmesskes flietig un höhlden dicke Runkelrööben uut, in de wi dann noch schöne Müsterkes off Gesichter snitzten, dann noch 'n Kiäßenstump drin un de schönste Käskes-Latüchte wör feddig.

So löchtede wunnerschön all van wieden dat Käsken in de Aobenddämmerung. Nich genoog daomet, satt niäbenan in de Schoppe „de Buer" un wochtede, büs he „dran" wör – Gesicht swatt, Strauh keek em uut 'e Holzken, aolle Plueden (alte Kleidung) an un 'n aollen Hoot up 'n Kopp. All's fröög sick: „Well is Buer?"

För 'n gueden Buer mosses erst es eenen finnen; denn de Buer kreeg antlest van all dat Kinnervolk üörnlicks wat up 'n Bast. Mehrst wör et 'n stabilen Recken, de sick vör so wat nich verschröck – un doch to gueder Lesst, wenn et mehr as wild togöng, flink de Hacken up'n Nacken niemmen konn.

Vörher aower was et dao for alle Kinner öewer 'ne guede Stunne män een schön Singen un Spiellen in' Ringelreih. Noch vandage rüöhrt se mi an, de schönen aollen Käskeslieder:

> Und wer im Januar geboren ist, tritt ein... Laurentia, liebe Laurentia mein... Es geht eine Zipfelmütz in unserm Kreis herum... Es tanzt ein Bi-Ba-Butzelmann... Dornröschen war ein schönes Kind... Klein Annchen in der Mühle... Rote Kirschen ess ich gern, schwarze noch viel lieber... In Holland steht ein Haus... Nun öffnen wir wieder das Taubenhaus..

Ting, Tang, Tellerlein, wer steht vor meiner Tür....
Schornsteinfeger ging spazieren... Machet auf das
Tor... Oh Buer wat kost dien Hai...

Wenn dat nu alle süngen, dann kamm he, de Buer.
Lück ruhbästig göng he achter de Riege met un sochte
sick brummig Frau, Kind, Magd, Knecht un Rüer –
büs dat luuthals de lessde Strophengesang kamm:

Nu giff wi den Buer 'n Schups!
Nu giff wi den Buer 'n Kiärmesschups.
Juchheißa, Vivat, Kiärmesschupps,
nu giff wi den Buer 'n Schups...

Dann gaff et kien Haollen mehr. Et göng drunner
un dröewer – up den Buer to. Un de moss seihn, dat
he Land gewünn. Dat dai he auk giän wuohl; denn bi'n
Naober gaff et eenen – orre auk eenen mehr noch...

De Kraniche trecket

Van Medde Oktober büs Medde November is dat met de Vüögel hier 'n Kuemmen un Gaohn. So kuemmet nao us int Winterquartier van Norden un Osten her auk de Saotkraihen, Dohlen un Ringelgäöse.

Auk wenn annere Vüögel sick nich minner guet uppluustern könnt, is et iähr hier in de Wintertiet to kaolt. Se trecket gen Süden. Ick kiek do giäne to.

Georg Trakl (1887 – 1914):

> Am Abend, wenn die Glocken Frieden läuten,
> folg ich der Vögel wundervollen Flügen,
> die lang geschart, gleich frommen Pilgerzügen
> entschwinden in den herbstlich Weiten.

„Gleich frommen Pilgerzügen", dat kümp sick liek met den „Formationsflug" van all de viellen Kraniche – 'n Wunner för sick, wu de so schön de Riege nao hauch an' Hiemmel längs trecket.

De Kraniche fleiget in graute Tropps. Daobi spaort de V-Formation vull Energie, weil so achten in' Windschatten längere Gleitphasen müöglich bünd. Biologen häbt ruutfunnen: „Hinter dem Anführer schlagen die Herzen langsamer." Drüm wesselt sick vörne weg de besten Frontfleiger aff, üm achter sick de Familgen met guet twee Jungdiere to schonen.

Duusende van Kilometers bünd se so hauch öewer us unnerweggens. Met guet 60 – 80 Stunnenkilometer schaffts se glieks mehrere hunnert Dageskilometer, eher dat se 'n Rastplatz anstüert.

Alle Jaohre wier lött us iähr eenzigartig Roopen uplustern, met dat se sick unneranner verstännigt. Erst recht in klaore Nächt hallt et wiethen dör 't Firmament. Is dann auk noch Vullmaond, so is dat met iähr dao buoben 'n ganz wunnerbar Beld.

Ick fraog mi dann immer: „Wo müeget de Vüögel wuohl herkuemmen – un wo fleiget se wuohl hen?"

Well Glück häff, kann auk wuohl es seihn, dat de Kraniche met iähre Fleigerie innehaolt. Dann trecket se up maol Kries üm Kries. Et kann sien, dat se dann nie'e Witterung an dat Erd-Magnetfeld upniemmet orre dat se 'ne guede Thermik nutzet. Dann krieset se immer höhger hauch, ohne dat se daobi up 'n Biesterpatt (Irrweg) kuemmet.

Wuvull Wunner sick alleen wuohl öewer use Köppe so affspiellt? Günter Eich (1907 – 1972) mennt:

Dem Vogelflug vertraue ich meine Verzweiflung an.
Er misst seinen Teil von Ewigkeit gelassen ab...
Es heißt Geduld haben,
bald wird die Vogelschrift entsiegelt.

Dat „Entsiegeln" is wuohl nich ganz eenfach. Doch immerhin weet wi dat all: E 7 hölt den Weltrekord in' Vuogelflug (Info NABU vom 18.09.2007).

E 7, dat is 'ne Schnepfe, de in män bloß 8 Dage van iähren Brutplatz in Alaska büs int Winterquartier nao Neuseeland hen 11.600 Kilometer in eens dör öerwer den Pazifischen Ozean fluogen is. Samt un sönners möök dat Dierken hen un her 29.000 Flugkilometer – un dat ohne Navigationsgerät, ohne Dokter, Doping orre süss so Pillen...

Wat maaket wi Mensken daokieggen doch faken 'n Welttheater üm Nix. Gar lachhaft daokieggen auk so männig „Schlagzeilen", in wat för Blättkes auk immer, de dr Gott weet wat hauchpuchet. De Geheimrat von Goethe (1749 – 1832) häff Recht, as he maol schreef:

> Die Natur ist das einzige Buch, das
> (ohne großes Aufsehen darum zu machen)
> auf allen Blättern große Inhalte bietet.

Schön so in' November

November. Selten, dat bi düt Waort so wat es Freude upkümp. He häff et jä auk nich licht, de November. All de Naome steiht nich liek in Reih un Glied. Nao den aoltrömisken Kalenner stönn de November eenlicks för den niegenten (*novem*) Ernte-Maond.

Dat gefööl nu aower so 'n hauhgen Egenpratk (Sonderling) es Cäsar nich. Sein eegen Luune nao dreihde he an den Kalenner harüm un schööf den November dr eenfach män so up Platz 11... Tjä, dao maak es eener wat kieggen Cäsar! Doch wenn, so wör dat eenlicks auk egaol. November bliff November...

Et is män de Daudenmaond met Truerdage un Kerkhoffsgang. Auk giff et Dage, dao wiärd et buuten dagesöewer gar so recht nich hell mehr. Gries un nattkaolt ligg dann de Niäbel öewer 't Land – un maolt (oh je) de Gedanken nich minner gries. Nich weinig Menskenkinner geiht daobi so wat es 'n Schutten dör.

Wat wör dat doch noch anners in' Oktober. *Der goldene Oktober* met perlfrisken Wien. Un riep Obst, saftig-sööt, so dat us dat Waater in' Mund debi te-sammenleip. Dagesöewer göngen wi giän noch dör bunte Büsk un Wälder un satten sietaff still up de Bank, üm för so 'n Tietken dr ganz un gar de lessde warme Hiärwstsönn noch uuttokosten.

Män nu kümp all baolle de Dezember.

Jaja, de Dezember.

Draimt wi daobi nich all van Wiehnachtsmärkte, Sünteklaos, Stutenkerls, leckere Plätzkes, Geschenke... Waorüm auk nich.

Män de November?

Nu laot den Kopp män nich so hangen. Glieks to Anfang häbt wi jä all den Hubertusdag (3.11.) Dann geiht de Jagd wier loss. Tiet för 'n lecker Stück Wild.

Un wenn et buuten auk noch so dimstrig is, un et huult un weiht, wat sall et? Jüst recht so, üm et sick in' warmen Stuoben kommodig to maaken. Ick stick mi in de Uhlenflucht (Abenddämmerung) dann 'ne dicke Immenkiäße an un laot för 'n lecker raut-bruunen Ostfriesentee heet Waater guet upbruusen. Feihlt bloß noch de Plätzkes niäben dat Stövken – dann noch, so iäben bloß to hören, de „L 'Inverno" uut Vivaldis veer Jaohrestieten. Wenn dat nich heimelick is!

So ganz un gar still un sinnig is nu Tiet för 'n guet Book. Also dat Liäselämpken an, Sessel naihger ran, Küssen in 'n Rüggen, de Beene hauch, 'ne warme Decke dröewer – un nu fleit wat up Sunnenschirms un Badeslappen. Laot se män nao Mallorca orre gar in de Südsee fleigen. Ick gieff de nix üm. Ick möch met nich eenen tuusken. Ick kann hier bloß eens säggen:

Schön so in' November.

Ne schöne Geschichte

Ick stoah immer giän fröh all up; mehrst so üm 5 Uhr harüm. Auk in Hiärwst un Winter. Frisk uutslaopen, doo ick in de Stille dann giän schon wat.

So is auk dat mehrste, wat hier steiht, üm düsse Tiet up 't Papeer kuemmen. Aff un an kiek ick daobi nao buuten. Van Blendladens off Jalousienen haoll ick nix. Auk wenn et winterdages, üm düsse Uchttiet, noch pickedüüster buuten is, seih ick wat.

Kümp de Dezember kaolt un klaor deher, dann löchtet tüsken all de Stiärnkes wiethen in' Osten, hell glämmend, de Muorgenstiärn. Dat is 'n wunnerbar Beld. Wu mag erst vör Jaohr un Dag öewer Bethlehem de Wiehnachtsstiärn löchtet häm'n...?

Nich ümsüss spriäket us üm düsse Tiet helle Stiärne un löchtende Kiäßen an. Egaol wu dunkel et is, 'n Fünksken Lecht löchtet dat Dunkel uut – un lött us wier seihn un huopen. Dat dött us guet, jüst en düsse dunkle Tiet.

Mi föllt daobi glieks ümmer de schöne Adventsge- schichte in, de mi Jaohr för Jaohr miene Moder ver- tellde, as ick noch 'n klein Kind wör. Se vertellde de ümmer aobends vör 'n veerden Advent in' Tweedun- kel, wenn wi warm un gemütlick in den Wohnstuoben üm den Adventskranz satten un Nüette knackten. Ick hör dao miene Moder noch säggen: „Psst. Laot nu es de Nüette."

Glieks wör et auk ganz still – so still es nu bi mi hier in' Stuoben... Dann fröög miene Moder, off ick hören konn, wu de Kiäßen to küeren anfüngen. Ick söll män guet lustern (genau hinhören), wat se so saggen...

De erste Kiäße sagg: „Ick sind de Frieden. Mien Lecht löchtet, män de Mensken haollt kienen Frieden, se willt mi nich." Ümmer lütker wuord iähr Lecht – dann göng de Kiäße ganz uut.

De twedde Kiäße flickskerde un sagg: „Ick sin de Glaube. Aower mi düch, de weinigsten willt mi noch. Et schert sick kieneene mehr üm mi. Mehr noch, se lachet Gott gar wat uut. Wat sall dao mien Löchten noch?" Se flickskerde so iäben noch maol up – un dann göng auk de twedde Kiäße uut.

De deerde Kiäße lööt den Docht nu auk all hangen. Se sagg: „Ick sin de Liebe. Wenn nu all de annern Kiäßen uut bünd, feihlt mi de Kraft, dat ick noch löchten kann. Gleiwet et mi, ick kann baoll nich mehr. Auk de Mensken schuuwet mi egaol weg an de Siete. Se willt mi gar nich." Un auk bi de deerde Kiäße lööt de Schien nao – un auk se göng uut.

Dao kamm nu 'n Kind in den Stuoben laupen, sülig den Adventskranz un reip: „Wat is dat dann? Bloß eene Kiäße an? Ji Kiäßen dao up 'n Adventskranz, ji söllt löchten – un nich uut sien!" Un dat Kind föng an to grienen. Dao sagg up maol de veerde Kiäß: „Kind, nu grien doch nich. Kiek mi an, ick sin de Huopnung. Solang ick brenn, könn wi auk de drei annern Kiäßen wier ansticken." Dao namm dat Kind gau 'n Fidibus (Anzünder), höölt den an de veerde Kiäße un stickede de anneren Kiäßen wier an. Dann fröög miene Moder:

Sägg, is dat nich 'ne schöne Geschichte?

Adventskonzert

Alle Jaohre is et jüst in de Vörwiehnachtstiet ümmer wier schön, kieggen Aobend fierlick in 'ne Kerk to sitten, üm bi Kiäßenlecht guede Musik to hören.

Kien Wunner, dat vull Volk giäne düsse Adventskonzerte besööket.

Öewer alle fiene Musik un wunnerbare Kantaten haruut, häbet jüst de Adventslieder 'ne heel eegene Art, to gefallen. Se gaoht deep – un man geiht ganz met.

Auk de Dirigenten gaoht ganz met daobi.

Nix kieggen de schönen Wiehnachtslieder, aower den heelen Tingeltangel, den se daoruut maaket häbt, de dött all sähr (tut schon weh). Düt belämmerte Gedudel, wat dr in de Kauphüüser all Wiäken vör Wiehnachten use Ohren quiält, is doch nix anners äs Wiehnachtsmumpitz. Wat sall dat, wenn di an de wehrige Ladenkasse all Wiäken vör Wiehnachten „Stille Nacht, Heilige Nacht" anhören moss?

Lieder un Melodien verbinnet sick met Jaohrestieten. Well will all Ende März hören: „Grüß Gott du schöner Maien..."? Ick weet, dat dat Wiehnachtsgeschäft vör Wiehnachten laupen mott, aower dann bitte ohne smöe (seicht, geschmeidig) Wiehnachtssingsang. Et hett nu maol immer noch: „Süßer die Glocken nicht klingen" un nich „Süßer die Kassen nicht klingeln."

Bi all dem verhölt he sick ganz anners: de Advent.

„Buuten in de Welt" doo wi so, as gaff et den Advent gar nich. Guet Ende September all geiht dat Wiehnachtsspektakel los. Miene Frau un ick häbt es maol schöne Adventsmusik socht, män dat was 'ne Söökerie, üm wüerklick wat Guets to finnen. Daobi is de Advent met nix to verglieken.

Ick verbinn daomet immer auk noch so wat es dunkle Winteraobende bi Kiäßenlecht, Frost, Schnee un warme Stuoben, de heimelig nao Braotappels orre Plätzkes ruuket. Et stört mi nich, wenn daobi de een off annere van „Kitsch" orre „Weltflucht" küert.

Weltflucht?

Well van all de „Realisten" häff de Welt denn all wüerklick rettet? Ick true nich eenen, de sick sömms äs „Retter der Welt" upspiellt. Egaol off Mao, Hitler, Stalin orre well auk immer, et wiärd laihge, wenn sücke öewer sick sömms nix anners mehr müögt. Met anner Waorde: Wieset wi Gott den Herrn de Düöre, kuemmt dao ganz flink glieks annere leibhaftige „Herrgötter" deher – män jüst de maaket us dann dat Liäben swuor.

Auk dat sägg us de Advent. Un still frögg he us: Worup setts du eenlicks diene Huopnung? Wen mäcks du de Düöre up? Gewicht krigg daobi dat Adventslied: „Macht hoch die Tür, die Tor macht weit..."

Ja, se bünd vull van urmensklicket Verlangen, de Adventslieder: Sehnsucht un Huopnung klinget daobi dör. Drüm sägget de Texte auk vull uut van de aoltbiblisken Proffzeiungen.

Graute Musikanten häbt sick daodran waoget un se vertont. 1747 Georg Friedrich Händel met „Tochter Zion, freue dich" orre 1731 de graute Bach met siene Kantate: „Wachet auf, ruft uns die Stimme".

All dat sall Kitsch sien?

Wat wör dat Liäben denn ohne „Nahrung für die Seele", ohne Sehnsucht un Huopnung, ohne Draime, ohne Visionen? Ick kann bloß säggen, ick möch nich bloß Mensken üm mi häm'n, de nix anners äs Fakten un Bilanzen in' Kopp häbt. Dao wiärs jä krank bi.

Auk Bäänd süht dat so.

Bäänd häff sick niämlick es van siene Sefa to so 'n schön Adventskonzert öewerküeren laoten. Dao satten de beiden nu sinnig in de Stadtkerke to lustern. Glieks as dat Konzert nu anfangen wör, dreihde Sefa Bäänd den Kopp ganz dicht to un mennde leise to em: „Oh Mann, ick gleiw, dat is Bach." Bäänd bleef ganz ruhig un keek nich links un nich rechts. Daobi aower flisterde he stump siene Frau to: „Muck di ja nich hier bi all dat Volk. Wochte, büs he sick naoher villicht es ümdreiht, dann kanns jä seihn, off he dat wüerklick is."

Nix för Bernhardiner:
Hut Pleureuse

Kümp usereens auk bi nich weinig Lüe dr met in' Knüpp, so süht man Bäänd den „Bäänd" all up 'n Kopp an! Denn: „Bernhard und sein Hut" – de beiden hört tesammen. Ick kenn Bäänd män bloß met Hoot. So es Bäänd eenlicks ganz normal is, so is auk sien Hoot ganz normal, nix Extras. Bäänd is jä all's annere äs 'n Modegeck, de egaolweg tüsken siene Hööte steiht to wäögen, met wat för 'n Kopfschmuck he sick nu wuohl wier in Positur brengen kann:

Stadthoot, Schlapphoot, Klapphoot, Melone, Homburg, Stetson, Bowler, Borsalino orre bi guet Wiär gar met 'n witten Panama-Montecristi up 'n Kopp. Nänä. Dann bruuks jä 'n eegen Sparkassen-Hutkonto; denn alleene so 'n Panama-Fino kost' guet 700 Euro! Dao baut Bäänd jä leiwer noch es maol wier för an. Un doch, laot Bäänd män laupen met sienen Hoot. Wenn em met Bedacht ankieks, lött sick gar up Hauchdüütsk säggen: „Wahrlich, wahrlich, ich sage euch, es ist ein *Bernhardiner-Hut.*" Stabil un all's annere äs minn.

Bi Moden Wessels vör Jaohr un Dag noch för Mark un Pennig kofft, feihlt de nix an. De Quittung häng auk noch up 'n Dörn: Ein Wollfilz in schlicht grau. So wat päss immer. Gar bi de griesen Söcke. Ach, wat sägg ick dao van Söcke... Bäänd sägg immer: „Hoot up, dann kriss kiene kaollen Fööte."

Met wat för kaolle Fööte se vandage alle wuohl harümlaupet? Kiek män. Well geiht vandage denn noch met Hoot? Ja, 'n Hoot, un nich so 'n verjäggt Bääsbollkäppi. Ick weet, de Moden wesselt. Un doch verköff Moden Wessels hier de Ami-Müssen bloß noch samt Kamm un Raseertüüg... Van wiägen dao: Unraseert met 'n Drei-Tage-Bart un de Müsse verkehrt üm up 'n Kopp. Bi Mode-Wessels nich. Wessels süht all den Dag kuemmen, dat dr so 'n Pätt (schirmlose Mütze) in Mode kümp, de bloß noch met Kaugummi to verkaupen is! Also: Je mehr dat Müülken up un daale geiht, ümso „cooler" de Müss up 'n Kopp.

Met 'n Hoot an sick häff dat so guet es nix mehr to doon. Daobi wör de Hoot eenlicks „ehrbares Zeichen einer Respektperson". Denk dao vandage es eener öewer nao. Erinner di: Wilhelm Tell woll nich es „den Hut der Fremdherrschaft grüßen". De Hoot alleen stönn also för „Respekt und Autorität".

Söwst wenn em dat wisse gar nich bedacht is, so is auk Bäänd wuohl so wat es 'ne Respektperson. Mehr noch: Häff he gar sienen Hoot up, is he glieks 'n ganz annern Kerl.

Laot auk di doch jüst to Wiehnachten es rao'n un wünsk di för dienen Kopp 'n fienen griesen Wollfilz. Ick sägg di, du sühs glieks ganz anners uut! Wör dat nich wat? Auk för diene Frau möök sick to de Fierdage so nie'et Höötken sicher guet. Denn dat weeß jä sömms auk wuohl:

Met de Mode, dao häbt et de Damen jä immer! Un wat hört dao mehrst wuohl to? Genau: „Ein schicker Hut".

Heel geck bünd se demet. Unner us: So wunnerlick is dat gar nich. Vull ligg dat jä auk an de kaollen Fööte, womet jä de werten Damen so vull Last häbt. Weil se also an sick bloß wat för iähre Gesundheit doon willt, könnt jüst de Fraulüe denn auk van Hööte gar nich genoog kriegen. Drüm bünd Damenhööte auk mehrst vull grötter äs Herrenhööte. So mott dr in' Stuoben faken gar 'n grauten Hootständer för her!

Erst recht fröher, as et noch kiene Heizung gaff, moss man manch gnädige Frau unner 'n grauten Hoot söoken. Jaja, ganz wild wör dat so üm 1900 harüm met den „Hut Pleureuse". Et hett daoto:

„Ein reichlich geschmückter, breitrandiger Damenhut, weich und üppig mit bunten Federn besetzt – und auf Wunsch gar noch mit Vögeln garniert."

Dao häbt wi et swatt up witt.

Also is dr doch tatsächlick wat dran, wenn es 'n männlick Wesen meint: „Kanns mi säggen, wat de wiss, aower de Frau dao met iähren Hoot, de häff 'n Vuogel…"

Stutenkerlpiepken

Dat is jä „starker Tobak"! Ick will dat Smööken jä nich fienküeren, aower de rabellsken Nichtrauchers, de gaoht apatt doch to wiet. So häbt se nu gar den Stutenkerl met siene Piep up 't Käörn nommen. Mann, wat päss an Tabak denn all in so 'n Piepken drin? Wenn ick dao an use Opa denk, wenn de sick fröher sienen Lülldopp met „Nadorffs-Grün" vullstoppede, dann was et män guet, dat wi noch kiene Rauchmelders in Huuse harren. Aower so 'n Stutenkerlpiepken?

Ick sägg di: Du kanns vandage nich vörsichtig genoog sien. Et giff jä all baolle nix mehr, wo se di nich met packen könnt.

Auk wenn so 'n Stutenkerlpiepken so dull nu jä gar nich dampen kann, egaol, dann pruokelt dr eener iäben in gefäöhrlicke „Schwebeteilchen" harüm, üm di glieks eenen met de nie'e *Feinstaubverordnung* drümtotimmern. Van wiägen dat „toxische Reizgasaerosol, was gemäß den Diffusionsgesetzen bzw. der Brownschen Molekularbewegung..." Oh Herr mien Huus! Man kann et auk öewerdriewen. Män wat maaken?

„Dao müe wi anners nu es wat uut maaken", dat saggen sick „die innovativen Stutenkerlpfeifenfreunde". Un, stell di vör, se is de all, de erste Stutenkerlpiepe, de nich dampen kann!

Dao moss di ganz bi ümdoon. Van wiägen, met 'n deepen Lungenzug an dat Piepken trecken, so nich mehr! Hier in de Volkshochschule laupet all de ersten Kurse: Die neue Atemtechnik im Umgang mit der modernen Stutenkerlpfeife.

Nu geiht et niämlicks ümgekehrt. Du moss dr bloß noch flietig drinblaosen, in den Stutenkerlpiepenkopp; dann mäcks aower 'n Stutenkerlpiepkenkoppgeträller! Aower wat sägg ick dao? Dat steiht sick jä auk all wier nich liek met de *Lärmschutzverordnung*.

Also am besten geiht man vandage met sienen Stutenkerl erst es nao 'n Pschychater hen. Guet müöglick, dat dao auk den een off annern Stutenkerlbäcker sühs. De häbt et jä auk nich mehr licht vandage.

Psst, unner us: Et wör vör Jaohren so üm den 6. Dezember harüm, dao keek bi den Bäcker Blanke, hier buoben an de Nienkiärkse Straote, doch glatt es 'n städigen Hengst in den grauten Backstuoben harin un wieherde: „Kiek, Blanke, Gueden Dag!" Un glieks fröög dat Dier: „Ach, Blanke, wat ick säggen wuohl: krieg ick hier wuohl schöne Stuten?"

Mann! Stell di so wat doch es vör...

Ick kann di säggen, auk de Bäcker Blanke keek dao nu heel verbaast van sienen Backtrog bi up. Keek, wiskede sick den Sweet aff, keek noch maol, un spröök: „Also nä! *Du* büs mi jä villicht 'n Kerl...!"

„Dat machs wuohl säggen", nickoppede de Hengst, „ick sin auk män eenmaol giän 'n *Stutenkerl*...!"

Verrückt Wiärks? Wink nich aff. Moss wietten:

All dat Triaoter met de Stutenkerlpiep is eenlicks nix äs bloß dumm Tüüg. Denn: De Stutenkerl to Sünteklaos verkörpert den Bischof Nikolaus. Un dat kanns mi nu ruhig glöwen, dat de to siene Tiet, üm 300 harüm, dao äs Metropolit van Myra nich met ne Piep tüsken de Tiähn harümlaip. Ah wat! So wat gaff et jä daomaols noch gar nich. Drüm is all dat ganze Buhai üm de Stutenkerlpiep auk „starker Tobak", weil dat gar kiene Piep is, kiene Tabakpiep un kiene Trällerpiep. Denn: De Piep van den Stutenkerl, dat is, met den Kopp nao buoben, nix anners äs 'n Bischofsstab…

Tjä, nich wahr, wat kann doch – „ohne Schall und Rauch" – so manch Wiärks in' Liäben eenfach sien…

Glücksiälig Niejaohr

Is Wiehnachten män soiäben vörbi, böllert et auk all – un et hett wier, so es ümmer: „Guten Rutsch". Statt Spekulatius un Nüette staoht in de Kaupladens nu Hauchprozentiget un Sektpullen in de erste Riege. Gar 'n Château Mouton Rothschild is dao nu to finnen.

Man gönnt sick jä süss nix. Un in de Kühltheke ligg noch vör guede Buotter un Miälk, rosa Lachs un Beluga-Kaviar. Daoto spiellt de Musik: „Juppheida fiderallala...". Van wiägen: „Fröhöliche Weihnacht überall...". Wiehnachten? „Och", (affwinken), „is doch all lange vörbi."

Drüm is auk de Warenkuorf nu vull Feinkost un bunt Füerwiärk. Et is män bloß so 'n Damp un et is wier... so es ümmer: „The same procedure as every year." Prösterken Böller, Mensken up de Straoten un: „Ein gutes Neues!"

Silvester, dat hät so licht kiene Naut, un öewerhaupt, dat rieget sick – so es ümmer. In Fernsehen geiht dat lustige Fie'ern fröhaobends all loss met de fiefenachzigste Folge van „Diner for one". „The same procedure..."

Un dann? Dann 'n anner Programm... Hä, wat is dat dann? Dao löpp doch nu, swatt up witt, heel verbaast in' dicken Wintermantel, de guede aolle Heinz Rühmann (1902 – 1994) dör de Küllde. Nä, bevör de sick dao up Silvester noch verlöpp, gau ümstellen. Dao, kiek män.

Jaja, jüst to Silvester lött et sick guet zappen. Dä! Häb ick et nich säggt? Dao häs et! Jö ! Wenn dat nix is... Wat wüpket dao doch all 'ne sööte Silvester-Deern harüm! Aower... Oh Godorri, de häff sick jä noch gar nich antrocken. Also so wat. Dat geiht nu auk wier nich. Giff jä sließlick noch genoog annere Programms.

Zapp – zapp – zappedizapp… Jaja, bi alle Senders hett et nu: Well kiddelt mi, daomet ick lachen kann…? „Herzilein, nun lasst uns fröhlich sein" – is sließlick Silvester… So es ümmer, strengt se sick dao auk in' Fernsehen nett bi an. Tüsken all de Quinten (lustige Streiche) un all dat Gelache is di dat dao män een Lustigsein un Gesinge, van 'e Nordseeküste, dao an' plattdüütsken Strand, büs buoben hento up de Alm, wo – Jolledihüüahooo – dat Jodeln gar kien End niähmen will.

Män Gott Dank krieget se dao buoben, wenn Heinz nu män bloß bi de Polonaise Blankenese siene Hande nett ardig up Ernas Schullern lött, kuort vör twölf noch jüst den Dreih wier runner – un dat nu gar büs ganz ächten nao Berlin hen, vör dat Brandenburger Tor!

Jau, dat häff nu doch noch soiäben klappet, denn dao tellt all hunnertduusend Partygängers heesterig un met Glanz up de Aogen: „Fünf – vier – drei – zwooo – eins…!!"

Un dann aower.

Ja, dann…

dann is et so es ümmer: Dat Kerkengeluut geiht in all de Böllerie unner. Sektkorken knallt, Prösterken hier un Bussilein dao:

„Prosit Niejaohr".

Tjä, dann is et endlicks uut de Tiet, dat aolle Jaohr. Un dat nie'e Jaohr? Well weet, wat et us breng. Drüm geföllt mi auk mehr äs alle anneren Wünske, de *plattdüütske* Niejaohrswunsk, denn dao „sitt" beid's met drin, Glück un Siäligkeit.

Auk wenn wi us noch so anstrengt, wi bruuket ümmer auk 'n Quentken Glück debi. Un dat Siälige sägg us noch wiet mehr; et hett sovull, dat, „Gott Dank", öewer us noch mehr is äs bunt Böllerkraom, un met us noch mehr äs Arbeit un Weherie, ja, et sägg us, dat wi hier dör alle Jaohre hendör „geleitet und begleitet" bünd – so es immer...

Schaufensterdekoration

Dat Niejaohrskonfetti is noch nich es öewerall wegfiäget, dao bünd de Geschäfte auk all wier „ümstellt". De normale Dag fäng wier an.

Nu guet. Dao föllt mi nu düt bi in.

As se us Jungs fröher fruoggten: „Sägg, wat wiss es wiärden?" wör de Lokomotivführer immer ganz vörneweg met debi. Auk de Müllmann wör „sehr erstrebenswert", denn de höng met eene Hand so „lässig" ächten an den Müllwagen. Well konn dat all? Jöppken aower, Jöppken sagg immer män bloß:

„Schaufensterdekoratör".

Un dat is he auk wuorden. Ick fruog mi nu, wat he vandage wuohl so mäck? Well krüpp denn vandage noch met Lappen üm de Schooh in Schaufensters harüm, üm se „schön" to maaken? Jaja, ick weet, so ganz un gar ohne geiht et auk nich. 'n Schaufenster is nu maol 'n Schaufenster un kien Badezimmerfenster. Drüm will 'n Schaufenster jä auk pattu gestaltet sien. Süss löpp dr jä jedereener an vörbi. Also mott 'm sick bi so 'n Fenster auk egaolweg wat infallen laoten.

Nu kanns di denken, dat sücke es C & A dr an iähre Schaufensters noch wuohl extra Personal dran waoget, aower gleiw doch nich, dat so 'n uutstudeerten Schaufensterdekoratör bi 'n Bäcker, Metzger orre Frisör 'n Foot an de Erde – ach eh, in't Schaufenster – krigg.

Un doch häbt auk sücke Geschäfte Schaufensters, uut de wat maaket will sien. Met 'ne schöne Gardine un 'ne immergröne Clivie is di dao nich holpen.

Ick denk dao grad so an dat Waffengeschäft „Kimme & Korn". De häbt iähr Schaufenster eenlicks immer guet in Schuss. Stiefliärene Patronentasken un Bockflinten bünd dao iäbenso to bekieken es 'n Aapen (Rucksack) orre 'n hännig Hundepiepken. Daotüsken find' sick upgeklappte Schweizer Messers samt Erste-Hilfe-Werktüüg: Flaskenöffner un Korkenzieher... Nä, dat mott ick säggen, dao kanns eenlicks immer ganz guet bi staohn blieben.

Allemaol anners, dat „Beerdigungsinstitut Pietät". Quer achten drin 'n Sargdeckel in „Eiche rustikal". Hinweis:

> Auch erhältlich als günstiges Sonderangebot
> in herkömmlicher Spanplattenqualität
> mit eleganter Mahagonimaserung!

Rechts an de Wand 'n bronzen Sterbekrüüz, links in de Eck 'ne graute violette Askenurne met güllene Sternkes drup un in de Midde 'n Barock-Speigel, dao steiht graut dröewer:

> Schau nur, lieber Kunde,
> auch du enteilst nicht deiner Stunde.

Dao geihs doch bi laupen, orre?

Dann is mi dat geflieste Schaufenster van de „Dorf-Fleischerei" aower allemaol leiwer, auk wenn dao nix anners to bekieken is, äs bloß dat gries-siülwerne Schild: „Hunde müssen draußen bleiben".

Auk bi den Bäcker merkt man, dat em dat Schaufenster faken mehr äs van de Arbeit uphölt. Un doch gaoht se dao in de Backerie, so guet es 't geiht, met de Tiet.

Apart staoht dao unner 'n Häkeldecksken drei Pöttkes met Weizen, Roggen un Schrot: Unsere Grundzutaten für das tägliche Brot!

Dat is, vörn in de Midde, dao siet Jaohr un Dag (geiht jä auk nix devan kaputt) de Schaufensterblickfang. An de Sieten aower, dat wesselt. Van Januar bis Mai steiht de 'ne giäle Leipniz-Keksdose met bi. So van Mai bis August mott et dann 'ne Flaske Brottrunk samt 'n Glas doon: Der gesunde und erfrischende Sommertrunk von Ihrem Bäckermeister.

Dat wesselt üm September harüm met 'n Erntekranz. Män wenn dann de Dage van' 26. Dezember bis 'n 10. Januar kuemmet, dann moss dao es hen un bekieken di dat! Dann spart se dao an nix. Gar n' Händken Konfetti ist dr streit. Un 'ne Pulle Sekt samt Sekttulpe steiht auk noch demet bi! Apropos Sekt.

Bekieken kanns di auk immer ganz guet dat graute Schaufenster van de Venus-Bar.

Glieks links, wenn du uut 'n Bahnhof kümms un dann den ersten Patt ächten harüm, de lütke Stiege.

Dao häng män bloß so wat es 'n Wolkenstore van Gardine, män dao häbt se immer ganz nette Farb-Fotos met bi. Wenn nich guet kieken kanns, vergiätt de Brill nich! Na ja, nix kieggen de Fotos, aower ick mein, jüst uut *dat* Schaufenster dao, dao konn 'm wüerklick mehr uut maaken. Sägg sömms: Wenn nich hier, wo dann? Wo pöss ansüss wuohl biätter 'ne schöne Schaufensterpuppe?

Hula-Hoop

Apropos Schaufensterpuppe... Wenn di de Moden bekieks, dann sass meinen, wi Mensken kreegen nich genoog to iätten mehr. Un well nich mehr in Rock un Buxe päss, de turnt sick dr wild met Fitness wier drin...

Fitness, dat Fremdwaort kannde nich eener, as ick jung was. Fitness, dat was Arbeit büs ton Ümfallen. Nao 'n Krieg heet et: van muorns büs aobends uut Schutt wier wat terechtemaaken. Daobi höngen de Lüe män bloß so in de Plueden. Nen Sünder, de dr auk bloß 'ne Brautkuorst wegsmeet. Un up 'n Teller droff nix liggenblieben, süss gaff et kien schön Wiär...

För Knojers (Arbeiter) gaff et statt *ff* Upschnitt (feine, frische Wurstwaren) gellen Speck un Slickertiähn kreegen statt Nutella Zucker up 't Buotteram gestrait.

Gott Dank göng et jä so langsam wier upwärts. Wat Wunner, dat se an' Disk nu drinhauden, büs de Buukreimen et nich mehr höölden. So duerde et denn auk nich lange, dao göngen all de „wirtschaftswunnerlicken Mensken" bi all de Buottercremtorten van Fett uuteneene. Nä, dat was auk wier nix. Män von wiägen smachten, alleen dat Waort all! Un so göng di dat loss met de Fitness. Ade, leiwe Turnvater Jahn (1778 – 1852), denn all met Ende de 1950er Jaohren kammen uut Amerika de Hula-Hoop-Reifens.

Well up sick höölt, quiälde sick nu met so 'n bunten Hula-Hoop-Reifen aff un dreihde munter sien Büüksken hen nun her. Wo 'm auk henkeek, eener harr et immer daomet togange.

Un erst de Fraulüe has di dao es bekieken mosst! Saperloo. Heelmaol „verlockend" hadden de dr up maol 'n ganz nie'en Hüftschwung drup. Mann, dat was wiet mehr, äs bloß 'ne nette Geckerie.

Un wat sall ick säggen:

Öewerhaupt göng et nuvördann ümmer 'n biettken „freizügiger" to. Nich dat et an Geld för genoog Tüüg feihlde, dat nich, män et wuord so met de 70er Jaohre upfallend „textilärmer". Tjä, häff 'm sick fröher för dat annere Geslecht giäne guet antrokken, geiht dat tüskentiets nu all jüst so anners harüm... Auk daoför häbt se wier 'n fremd Waort funnen:

Sex-Appeal.

Göng bi de holde Weiblichkeit fröher nix öewer 'ne schöne Bluse, so is di dat vandage 'ne schöne Buorst. Un strunzten de Kärls fröher met 'ne schöne Joppe (Jackett), so wieset se vandage giäne den blanken *„Waschbrettbauch"*.

Ick sägg di, et is de gar kien Doon mehr an. Et schinnt, as dreihde sick all's män bloß noch üm Fitness. Göngen se sunndags fröher in de Kerk, laupet se vandage in't „Fitness-Studio". Eener wüpket dao sweetnatt noch mehr harüm äs de annere.

Man sall gar nich meinen, wat se sick daobi nich all's so bineene puußet un puchet – dat lutt so:

Aerobic, Bodypump, Callanetics, Easy-Step, Crosstraining, Stretching, Spinning und, und, und…

Hauptsaake all dat upgedunsene Buukwiärk bi de Mannslüe un all dat Gerunzel van Appelsienenfell bi de Fraulüe üm den dicken Ääs harüm geiht üörnlicks debi drup. Un wenn nix mehr helpet, dann geiht et an 't Fettaffsuugen orre Liften.

Ick sägg di:

Wi mött' uppassen, dat wi bi all den Sex-Appeal auk noch Mensk bliewet – un nich bloß „'ne Figur". Kiek män, wat för „Figuren" dr tüskentiets nich alle so harümlaupet; ick mach de manchs gar nich mehr henkieken.

Nich weinige, de dr all van Kopp büs Foot bi dördreiht bünd. So mäck Roman Schedler gar met 'nen 24 kg dicken Treckerreifen Hula-Hoop. He meint: Dao geiht nix öewer!

Lach nich.

Ick sägg dat hier auk bloß, ümdat de Buern nu män ja guet uppasset, wenn dr es so 'n stämmigen Slawiener met 'n Waskbrettbuuk üm 'n Hoff dao bi iähr harümstriken geiht – un heelmaol vernarrt nao de dicken Treckerreifens kick…

Gesundheitsreform

Egaol wat du auk immer mäcks för diene Gesundheit, se maaket dr buobendrup noch 'ne Gesundheitsreform van. Un waorüm geiht et dao ? Üm't Spaaren! Ansüss is dao nich vull Nie's met bi. Un doch bin wi tüskentiets all so wiet, dat sömms de Dokters faken lück wunnerlick to Wiärke gaoht. Ick sägg di, jüst för us Mannslüe häbt se sick „im Wege der Reform" maol wier nett wat infallen laoten... Ick wüss jä nich, wat mi ankamm, as ick lessens bi Doktor... Stopp! Reklame hört hier nich hen. Män et göng so.

Doktor: „Sie müssen wissen, nicht wahr, dass ich bezüglich der Gesundheitsreform gehalten bin, neue Wege zu beschreiten." Icke: „Soso."

Doktor: „Ja. So ist das heute, nicht wahr, da muss schon jeder gut mitmachen, damit es nicht so teuer wird." Icke: „Aha."

Doktor: „Ja. Drum müssen Sie erst einmal kräftig abnehmen." Icke: „Ja, aber..."

Doch de Doktor lööt mi erst gar nich uutküeren. He wünk aff un wünk dann so nao buoben hen. Daobi sagg he: „Keine großen Diskussionen bitte, das geht ja doch nur wieder zu Lasten der Finanzen, nicht wahr. Also: Hemd aus, Oberkörper frei und dann gehn Se ganz nach oben, Zimmer 51. Nachher sehen wier uns."

Ardig dai ick dat auk, es mi anbefuohlen. Alle Treppen hauch, bes buobenhen, kloppede ick dao an Zimmer 51. Mehr äs nett hörde ick: „Herein."

Un wat söhg ick?

Jö, wat verfänglick! Dao satt doch glatt up 'n Disk 'ne heelmaol verlockend junge Frau in' knappen Bikini un wünk mi to sick. Män as ick…, dao sprüng se met Juchhee van Disk – un ick dr allmänto achteran, dör dat Treppenhuus van buoben bes unnen und wier van unnen bes buoben. Jö, wat 'n klabastern dao doch! So derbe ick de auk wat achter dai, dat Wicht konn et biätter. Tolest wör mi ganz bienaut un ick fööl män bloß so up 'n Stohl.

Gau smeet sick de Allemannsbruut nu 'n rosa Baby-doll öewer, sprüng in güllene Sandaletten met swatte Bömmelkes drup un haalde den Doktor. De tröck mi wier hauch, kloppte mi up de Schullern, stellde mi glicks up de Waoge un sagg met Betonung:

„Sehr schön. Gut so. Zweieinhalb Pfund Abnahme. Kommen Sie nun drei Mal die Woche, nicht wahr, und…"

Un so häb ick nu doch all ganz nett affnuommen.

Dat häff auk Bäänd miärket. Bäänd is auk vull to fett. As ick em de Geschicht met de junge Bikini-Frau vertellde, woll he auk glieks loss. Bäänd aower dacht sick: ‚Van wiägen Lauperie. Eher dat ick daobi in Sweet kuemm, pack ick glieks to un haoll mi för de Behandlung dat nette Wicht guet faste.'

Män as he nu buoben in Zimmer 51 drin kamm, wat söhg he dao? 'n ganz aolt Fraumensk met gries Haor un dicke Runzeln. Eher dat he to Verstand kamm, woll se em dao glieks üm 'n Hals fallen – män dao göng Bäänd aower lockuut! Doch de Frau wör noch guet up de Beene un laip in dicke Söcke es so'n Fiägebessen allmänto achter em an, so dat Bäänd, treppup, treppaff gar gau genoog nich rennen konn.

Antlest fööl he dr puußend män bloß so up 'n Stohl.

De Doktor tröck em hauch, stellde em up de Waoge un sagg: „Na bitte! Drei Pfund Gewichtabnahme!

Ab jetzt, nicht wahr, drei Mal die Woche und…"

Bäänd wör noch ganz raut in' Gesicht un reip verdreitlick: „Wat?! Ick sall mi hier nu egaolweg met den ollen Sluffen van Wief affquiälen? Wat is denn met de hübske junge Frau?"

„Achachach", wünk de Doktor aff, „wo leben Sie denn? Ham Sie denn noch nichts von der Gesundheitsreform gehört? Sie sind nun mal nur Kassenpatient, nicht wahr. Nun ja, die attraktive junge Frau, die, äh…, die ist nur was für Privatpatienten."

So. Nu kümms du.

Element Luft

Bi all de Fitness un Gesundheitsregeln drafs eens nich vergiätten: dat Drinken! Drinken is jä so wichtig! Mann. Sägg nix. Auk Bäänd un ick doot dao wuohl wat an.

Un daobi – stell di dat vör – häbt wi beiden us doch glatt es in de schöngeistige Philosophie verrannt. Jaja, auk wi könnt dao wuohl wat van. Un dat kamm so:

Bäänd wör bi 'n Kaffee der Frauengemeinschaft west. Nich dat he 'n Wiewergeck is un sömms in' Pfarrheim nix uutlött. Ah wat! Bäänd doch nich.

De Fraulüe dao konnen bloß up maol nich mehr spöölen, weil, de Abfluss satt to. Un glieks häbt se anroopen – un dann moss Bäänd dao glieks ran.

As he dao nu met siene Engländertange in 'e Kneie krumm unner 't Rohr lag to werkeln, ick sägg di, dao kreeg he aower wat mit! Nu ja, wu sall ick di dat hier verkläören?

Also, wenn du un icke, wenn wi Kaffee drinket, dann rüöhr wi dao villicht auk Melk un Zucker met in. De Frauengemeinschaft is dat aower nich genoog. Se rüöhrt dao glieks auk noch 'n Thema met in. Dat is dann kienen normalen Kaffee mehr, nä, dat is dann 'n *Themenkaffee*.

Un weil de Kaffee nich kaolt wiär'n draff, is dat mehrst auk „ein heißes Thema".

As Bäänd dao nu lang hen tüsken de Frauengemeinschaft lag, göng et üm de veer Elemente. „Statt mi in Ruhe arbeiten to laoten", keek Bäänd mi an, „fröögen se auk mi nu glieks nieschierig uut. Män van wiägen Dummkopp. Dat ick wuohl wesseln konn. Ick sagg:

> Erde mäck swatt,
> Waater mäck natt,
> Füer verbrennt' Gatt –
> un de Luft…"

Wieder kamm Bäänd nich. Oh je, de Luft. Glieks reeten de Damen wagenwiet de Fensters up. Et geiht nu maol nix öewer friske Luft.

Öewerhaupt de Luft! Wat is all's all ohne Luft?

Ick sägg di, dao bruuk mi nich eener wat von vertellen. Wat krieg ick doch manchs slecht Luft! – Nu ja...

Män för de Frauengemeinschaft wör Luft an sick nich genoog – se meinden daomet auk noch so wat es „die Atmosphäre". Un dao harr et Bäänd nu auk all met, as wi beiden in' Uhlenhook satten.

„Et geiht nix öewer 'ne guede Atmosphäre", sagg he, „die Atmosphäre machts." Junge, wenn Bäänd so all küert... Mann, kanns mi glöwen, dao häbt wi erst es 'n Beer drup drunken. Günter, de Wirt, sägg nich ümsüss immer:

Iatten is wat för 'n Buuk –
män Drinken is wat för 'n Kopp.

Un he mott dat wietten. Wat is uut „trunkene Gedanken" nich all's all so wuorden. Egaol off Schiller orre Goethe, se mochen alle wuohl eenen – un glieks häbt se dr graut noch wat druut maaket! Män et is nich egaol, wat dr an „geistige Getränke" so in't Glas kümp:

Beim Weißwein denkt man an Dummheiten.
Beim Rotwein spricht man von Dummheiten.
Beim Sekt macht man Dummheiten.

Drüm haolt Bäänd un ick us auk an Beer.

Auk bruuks di daobi nich, es bi Sekt, graut vörher noch ümtrecken. Un met Dummheiten häs daobi auk nich vull to doon. „Reiner Gerstensaft", wenn di daoran hölls, dann mäcks so licht kiene Dummheiten. Bi 'n guet Glas Beer lött sick mehrst auk guet küeren, faken gar öewer „die großen Dinge des Lebens".

Drüm häw wi us auk glieks noch 'n Beerken up all de Luft samt Atmosphäre drunken. Sägg doch sömms, wat wör de schöne Erde denn wuohl ohne ne guede Atmosphäre?

Nich genoog demet, häff Bäänd bi de Rohrreinigung glieks auk noch metkreegen, dat sick dat Luftelement – denk di so wat es – in der „Mentalsphäre" breet mäck! Un de wör gar so hauchfien, dat Jan un alle Mann dao so guet es nix van metkreegen. Ick sägg di, dat göng nu gar nich mehr ohne 'n frisk Beer. Nich dat wi dao nu noch in de „höhere Ebene" haruut ganz weg weihden. Man mott jä gar kien Chemiker sien, üm to wietten, dat de Luft jä sließlick „ein sehr flüchtiges Element" is…

As Erna, de Wirtin, nu dat Glas Beer brachde, keek se mi lück schraot an un mennde: „Süss geiht' noch guet?" „Dochdoch", sagg ick, „offwohl, aff un an krieg ick gar kiene Luft." Se wünk aff un mennde: „Verstaoh ick nich. Stell di doch nich so dumm an! Gaoh nao buuten un snapp die sovull es de kreegen kanns. Giff doch genoog devan – un kost nich es wat!"

Pizza-Psyche

Gesundheit fäng bekanntlick bi'n Iätten an. Un dao is nix biätter, äs 'n gesund Gewietten. Män off dat nu immer met de Pizzas päss, weet auk ick tüskentiets nich mehr. Daobi häff doch all's so guet anfangen.

Ick weet noch guet, as Anfang de sesstiger Jaohre hier in Rheine an de Hansastraote de erste Pizza-Bäcker sien Lokal upmöök: *Pizza bei Antonio*. Et duerde nich lange, dao göng se – landup, landaff – auk all üm, de Smecklecker-Fraoge: „Häs auk all Pizza giätten?"

Un vandage? Well harr dat dacht: Pizza gistern, Pizza muor'n, Pizza-Maxi un Pizza-Taxi…

In wat för 'n Düörpken di auk verlöpps, bruuks di bloß to dreihen, dann weiht di de Pizza-Wind all wier in de Niäs. Et schinnt, as daien de Lüe vandage süss anners nix mehr iätten.

So sett' nich weinige Lichtfinken bi Suermoos off Wuorstebraut iähr Müülken up Sipp (verziehen den Mund), daot sick aower glieks heelmaol üm, wenn se wat van *Calzone* hört. Ja, well up sick hölt, de küert glieks graut van „Margherita", „Napoli" „Frutti di mare" un wat weet ick, wat et ansüss noch an Pizza so all's giff.

Pizza alleene dött et all nich mehr.

Un well meint, he wör Kenner, de ordert vandage Calzone – auk wenn dat toerst daomet gar nix wör. Denn:

Düsse Pizza is den Pizzaiolo (ja, haal ruhig es Schwung bi 't Küeren) tesammenfallen, weil he se vör Tieten met tovull Temperament in 'n Uom schuoben häff.

Mama mia! Dat söhg nu gar nich mehr nao Pizza uut. Män wat 'n gueden Pizzabäcker is, de mäck auk uut so 'n Mallör noch richtig wat. Et mott dr män bloß 'n hellhörigen Naomen her. So sagg he, nää, he süng sogar:

„Oh mi Matrone: Calzone, Calzone!!"

Kiek, so eenfach geiht dat. Un glieks lött sick dr guet Geld met verdeinen. Mehr noch. So ganz niäbenbi lött sick in 'ne Calzone auk guet so allerhand met „inpacken", wat... Män nu will ick nich noch mehr verpizzen, ach, verpetzen! Bloß sovull:

Et giff auk all so wat es ne Pizza-Psychologie.

Also:

Sägg mi, wat du för 'ne Pizza etts, un ick sägg di, well du bis...

Margherita-Iätters gellt äs 'n gueden Slag Lüe. Blai (etwas schüchtern), genöögsam un allemaol ümgänglick. Gaoh nu aower män ruhig an de Siete, wenn niäben di eene röpp: „He, Toni! Mit Peperoni!!"

Vörsicht, dat bünd Scharpmaakers. Sücke Pizza-Kunden gaoht es rängsterige Kribbelköppe dör.

Lück anners de Calzonistas. Un doch bünd auk de so ganz ohne nich. De Siälenklempners küert van iähr so: Jüst so, es sick in ne Calzone „so allerhand verstoppen" lött, jüst so laot sick auk düsse Schaleiers nich giän in de Karten kieken; se gellt äs luurig.

Nu weeß et. Drüm: Bedenk genau, wat du in 'e Pizzeria säggs. Un wenn et di dao nu doch es maol nao so 'ne Calzone orre Peperoni lüstet, dann aower vörsichtig! Gaoh stiekum erst es buuten so harüm un kiek üm di. Is dao dann de Luft rein, dann, ja dann män gau harin, bestellt, betahlt un – Heidewitzka! – stiekum nao Huuse hen. Denn:

Well will sick all in 'e Pizza kieken laoten?

So kann et gaohn
bi de Feuerwehr

Man kann et dreihen es 'm will, män: 'n Liäben bi de Feuerwehr, dat is nix för Lüe, de sick giän bloß ressen willt (die es gerne ruhig haben). Dao is nu maol vull Weherie un auk allerhand Damp un Rauk met bi. Un mehr äs heet kann et daobi wiärn; dann löpp di de Sweet män bloß so van' Gat. All dat draff di nix maaken. Et hett nich ümsüss van 'n düftigen Feuerwehrmann:

„Geschickt, gesund, gut bei Kräften
und allzeit bereit".

Genau dat is et, worup et ankümp bi de Feuerwehr. Unner us: Is et dao noch 'n Wunner, wenn dat Hiärtken van so manch nett Fraumensk bi so 'ne Sorte Mann gewöllig anspring? Un heel harre pochet et faken gar, wenn so 'n schneidigen Kerl dr auk noch in 'e städige Uniform deherkümp. Dao kann et faken dann auk de gnädigen Damen mächtig heet bi wiärn – orre?

Verehrte, winket nich aff, ji bruukt ju dr nich vör schiämen. So wat is doch ganz menslick.

Un dat Guede is, bi 'n Feuerwehrmann bruuk ji dr erst gar kiene Angst bi häm'n. Denn wenn et heet wiärd, dann weet de glikes, wat nu to doon is... Nich ümsüss sagg fröher de aolle Brandmester Krüselmann männigmaol to siene jungen Mannen:

„Jungs, wenn ick ju hier so ankieke, dann geföllt mi dat. Hellske gaiwe (gesund, kräftig), freed (mutig, sportlich) un all's annere äs pimpelig. Drüm passet up! Sömms wenn de jungen Deerns 'n Löchten in de Aogen krieget, ick sägg ju eens: Haollt 'n klaoren Kopp debi. Denn wenn et richtig heet wiärd, is dat ümmer noch et Beste. Auk wenn us 'n guet Anlaot (Aussehen) un Fazun (Figur, Gestalt) to Ehre kümp, doch mehr äs Kabbeleerenstolt tellt Kameradschaft, Kontenanz (frz. contenance, Haltung) un de Wille, alltiets Hand in Hand to Werke to gaohn.
Brennt et niämlicks wüerklick, tellt bloß noch guede Nerven. Un de kuemmet nich van' Wind. Dao hört mehrst twee to. Drüm, eher dat ji ju binnet, kieket ju de Frau vörher tweemaol an; denn ohne 'ne rundüm düftig guede Frau giff et auk kienen gueden Feuerwehrmann."

Ick weet nich, off Bäänd bi Krüselmanns Priägten nu nich dao was, up jeden Fall harr he met seine Frau kien Glück. Se harr dat met dat *allzeit bereit* 'n lück anners verstaohn un konn em dat nich vergönnen, dat he – to wat Tieten auk ümmer – sprungmaot ruut moss. Jüst so geiht et nu aower maol bi de Feuerwehr.

Mehr noch: Ohne Bäänd göng bi de Wehr to de Tiet dao nix. To de Tiet, dat ligg nu all wat trügge. Bäänd wuohnde buten Duorps un harr 'n fein Hüüsken met Gaoren un 'ne graute Schoppe för Höhner samt 'ne Ssiegge. En sien Huus harr he Platz satt, so dat he met siene Frau dr wuohl macklick dör de Stuobens danzen konn. Män wat sägg ick, dat Danzen, dat was all lang vörbi met de beiden. Schade. Nu ja, aower dat is nu maol privat un hört hier nich hen.

Daoför wör Bäänd aower de erste Mann up de nie'e motorisierte Dreihledder (DL 17) met 'ne gewöllige Motorspritze (TS 8). Un dat Ding stönn noch nich es richtig up 'n Platz, dao göng et auk all loss.

Alarm! Brand in' Tweestock, Innenstadt.

Bäänd vörne an de Front nu glieks de graute Dreihledder hauch – un dao krieskede buoben uut' Fenster auk all 'ne bange Frau.

„To Hölpe hier! To Hölpe!!

Nämanäää! Wu kann doch nu sowat?!

Wat? Bäändken, duuu?

Du büs aower auk öewerall wo wat loss is! Män nu sägg du mi doch es, wu kann dat bloß, dat dat hier buoben brennt?!"

„Thea, dat könn wi 'n annermaol beküeren. Ganz ruhig nu erst es. Nerven behaollen. Herrjeh, blief dao, wo de bis!"

„Wat?! Brand hen, Brand her, aower wu küers du met mi? Ick weet jä noch guet, as du di in 'e Büx…"

„Deibelslag, Thea, häs du süss kien anner Suorgen? Mehr Schlauch dao unnen! Mehr Schlauch!!!"

„Männeken, wahr di. Spritz mi hier ja nich auk noch natt! Ick sägg di eens…"

Män dao greep Bäänd sick de Frau all. Un Thea reip: "Bäändken!! Wat is met di?! Huu nä! Nich so harre! Mein Gott, wu geihs du denn met Fraulüe üm?! Is jä kien Wunner, dat et bi ju inhuuse… Pack mi nich an!! Laaoot dat! Bäänd, ick sägg di, laot dat!! Ick sin doch so swindelig!"

„Et helpet nix, Thea, dao moss du nu dör! Haoll still – un biet nu es eenmaol de Tiähn tesammen, dann…"

„Huuch! Bäändken! Dao säggs auk wat – laot mi loss! Oh je, miene Tiänne, miene Tiänne! De ligget jä noch up de Kommode. Nu wocht erst es… Herrjeh, laot mi loss!!"

Ick sägg ja: Bäänd un de Fraulüe. Et is de gar kien doon an. Un doch. So heet kann et gar nich wiärn, dat Bäänd daobi nich Kopp un Nerven hölt. Denn, gleiw et mi, met dat Menske dao buoben up de Ledder wör et 'n Kampf üm Liäben un Daut.

Mehr äs Recht, dat Bäänd daoför kuort drup nu 'n Orden kreeg. Un dao gönnde auk he sick endlicks es 'n nie'n Helm. Junge, den hass es seihn mosst: 'n wunnerbaren Helm. De möök nu gar Indruck up siene Frau.

Un dann kamm se auk all, de Nacht der Nächte.

Sirenen huulden – un Bäänd sprüng män so uut sien warm Bedde hauch.

Alarm!

Hiemd öewer'n Kopp, Buxe an, Knöppe to, rin in de Stiewwel, Koppel üm un... de Helm. De Helm! Is dat denn de Müöglichkeit? Wo is de Helm?

Bäänd reip et heel hesterig uut: „Sefa nu sägg mi, wo is de Helm?!" – Noch heel vull Slaop dreihde sick siene Frau up de annere Siete un brummelde, ohne 'n Aoge debi los to doon: „Mann, nu maak hier doch nich so 'n Gewält üm den Helm. Dao, dao unner 't Bedde bi mi, dao is 'e. Aower... pass guet up un verschütt nix, büs dr buuten met bis..."

Ick sägg di: So kann et gaohn bi de Feuerwehr.

Schuberts Unvollendete

Is de eene bi de Feuerwehr, löpp de annere de Kunst achterher. Eener so, de annere so.

Eens mott man säggen: De guede Dr. Winter is 'n heelmaol düftigen Kunstkenner. Siene Rezensionen bünd „geschliffen" un laot sick guet liäsen. Nu harr he es maol Besöök van sienen ehemaligen Studienkumpanjon.

Auk de harr et äs „Vorstandsvorsitzender eines Großunternehmens" wiet bracht in't Liäben. Winter freide sick all up em. Erst wollen se lecker Iätten gaohn un dann stönn van Schubert noch 'n klein Kammerkonzert up et Programm. Dao moss Herr Dr. Winter... Aower et kamm anners.

Off Winter wat in sien Iätten harr, wat dao nich drin gehörde orre off he sick annerwäggen wat weghaalt harr, egaol, he kamm nich es büs 'n Pudding. Wat wör em up maol slecht! De kaolle Sweet slöhg em uut – un he woll bloß noch in Bedde.

Män wat dao nu maaken met Schubert?

De Zeitung woll siene Kritik. Oh je. Gequiält keek he sienen Kommilitonen an un fröög, off he wuohl för em de Konzertkritik schriewen woll. He wör jä nu auk nich dumm un... Dat leit sick de Manager nich twee-maol säggen; streek sick siene Mensur un sagg genrös: „Das ist doch Ehrensache, mein lieber Ingmar."

Gott Dank. Denn glieks drup krööp Dr. Winter beruhigt in sien Bedde un slööp sick gesund. Un äs Kritiker namm sick bi dat Kammerkonzert nu de Manager de flieitigen Schubert-Musikanten an. Daobi schreef he sick de Finger baolle wund. Nu ja, gau Arbeiten wör de Vorstandsvörsitzende jä allemaol ge-wüöhnt. Jüst vandage hett et nao dat Wirtschaft-lichkeitsprinzip jä nich ümsüss: Zeit ist Geld...

Dr. Winter (em göng et all wier biätter) söhg denn auk all glieks 'n annern Muorn bi'n Fröhstück

„Die Konzertkritik über Schuberts Unvollendete".
Nu ja, in de Zeitung kamm se nu doch nich...
Hier aower steiht se:

Für einen beträchtlichen Zeitraum hatten die vier Oboe- Spieler nichts zu tun. Ihr Part sollte deshalb reduziert werden. Dadurch würden auf jeden Fall gewisse Arbeitszusammenballungen eliminiert.

Alle zwölf Geiger spielten offenbar die gleichen Noten. Das ist unnötige Doppelarbeit. Die Mitgliederzahl dieser Gruppe sollte drastisch gekürzt werden. Falls wirklich ein großes Klangvolumen nötig ist, kann dies ohne großen Aufwand durch elektronische Verstärker ersetzt werden.

Erhebliche Arbeitskraft kostete auch das Spielen von zweiunddreißigstel Noten; doch ist das in der heutigen Zeit eine unnötige Verfeinerung. Ab sofort wird daher dringend empfohlen, künftig alle Noten auf- bzw. abzurunden.

So schön sie auch klingen, so unnütz aber ist es, dass die Hörner genau jene Passagen wiederholen, die bereits von den Saiteninstrumenten gespielt wurden.

Fazit:
Würden alle überflüssigen Passagen gestrichen, könnte das Konzertstück ohne weiteres von 30 Minuten auf 15 Minuten verkürzt werden. Hätte Schubert sich an diese Erkenntnis gehalten, wäre er gewiss imstande gewesen, seine Symphonie auch tatsächlich zu vollenden.

Laot et kribbeln

Et is nu maol so in' Liäben. De eene mäck Musik, de annere schriff dröewer. De eene mott arbeiten, de annere kummdeert. De eene will düt – un de annere dat. Ick froog es so:

Wat dais du maaken met drei Appelsinen? Ick dai se affpellen, in Stückskes deelen un dann iätten. Wör dat nich „normal"? - Tjä, wat is all normal? Man sall et nich glöwen, aower 'n Jonglör mennde: „Wenn ich drei Apfelsinen sehe, dann kribbelt's bei mir, dann muss ich jonglieren."

Denk bloß an den leiwen „Zauber-Pater Bickel" uut dat Nienkerkske Steyler Klauster St. Arnold. Off de dr Appelsienkes orre Bällekes süht, ick gleiw, auk em kribbelt et in de Hande: Abrakadabra, de Appelsienkes in' bunt Dook, dat Dook nu, Simsalabim, hauch in 'e Lucht gesmietten, üm et us dann – Karai! - lüerig to wiesen. Tjä, weg bünd se, de Appelsienkes. Van wiägen dao affpellen un so… Män et geiht noch duller.

As de Polßei es maol den Liendänzer (Seiltänzer) Philippe Petit fröög, waorüm he üm Gotts Willen, Paris unner sick, öewer 'n Reep buoben tüsken de beiden Tüörns van Notre Dame harümlaupen dai, sagg he: „Wenn ich zwei Türme sehe, dann kribbelt es bei mir, dann sehe ich in der Höhe nur das Seil dazwischen und dann muss ich gehen…"

Ick fröög es maol mienen Jüngsten: „Waorüm wills nu nao Guatemala un Mexiko?"

„Ick gleiw, weil mi de Tiet dao wisse guet dött", sagg he mi. Waorüm dött em de Tiet hier nich auk guet? Guede Fraoge. Egaol, he is för lange Tiet in de wiede Welt fluogen – un dao häff he nich bloß vull beliäwt, et häff em auk wisse wiederholpen in sien Liäben.

Un de Zauber-Pater orre de Jonglör? Waorüm spiellt de leiwer met de Appelsienen, statt se to iätten? Waorüm will de eene se affpellen un de annere demet zaubern orre jonglieren?

Waorüm, waorüm... Wi willt up all's 'ne Antwaort häm'n, wenn wi wat nich so richtig verstaoht. Mien Süöhn häff mi jä auk nich fruoggt: „Waorüm schriffs du – un geihs nich leiwer spazeeren?"

Waorüm, waorüm…

Waorüm krigg et de an sick sture Mönsterlänner dr up Maol ant Söötenstrieken (Poussieren)? Ganz eenfach, he sägg: „As ick se söhg, dao kribbelde et mi, dao moss ick dr achteran!"

Häff 'n Kärl 'n Buuk, so sägg de eene Frau: „Nä!" Un de annere is heel vernarrt in so 'n „Schmusebauch". Nich genoog demet, giff et nich weinige Frauen, bi de geiht dat Kribbeln glieks loss, wenn se 'n Kerl met 'n schraoet Gatt (strammer Hintern) seiht. Is so 'n Menske daorüm all glieks 'ne Sliepharke (Vamp)?

Un wu süht dat bi de Mannslüe uut? Eene Sorte kribbelt et bi Swatt – un de annere Sorte flügg bi Blond de Verstand uut 'n Kopp. Well is denn nu 'n Hackenbieter (Don Juan)? Waorüm will de eene düt un de annere dat? Waorüm, waorüm…

Ick gleiw daorup giff et gar kiene „richtige" Antwort. Wat helpet *us* dat denn, wenn wi weet, waorüm et Pele in de Beene kribbelt, wenn he 'n Ball süht? Vull wichtiger is, daorup to achten, wann un wo et bi us sömms noch lück kribbelt. Orre kribbelt et bi di nich mehr? Och, dat wör aower schaa! Denn ick gleiw, dat ganze Kribbeln häff daomet to doon, wat wi so för use Glück haollt. Dat Glück kennt kien Waorüm. De Liendänzer danzt tüsken Hiemmel un Erd. Auk wenn wi dat nich verstaoht, aower em mäck dat glücklich. Daobi könn wi glieks noch mehr gewahr wiärn:

Glück, dat is ümmer auk 'n „Drahtseilakt"…

Kopp hauch

Een Öhm van mi is de noch. He liäwet all siet Jaohr un Dag wiet weg van hier in Österriek.

„Et is schaa, män in use schöne Mönsterland kuemm ick wuohl nich mehr", sagg he mi lessens noch an' Telefon. Mächtig in de Jaohre, is he all lange swuor krank. Siene Frau is vör guet drei Jaohren stuorben. Lange häff se liägen, un offwuohl mien Onkel met sick sömms genoog to doon harr, kümmerde he sick guet üm iähr. Nu sitt he dr alleene met. Kinner harren se nich. Nu gripp em 'ne Huushöllske unner de Arms.

„Tjä, man mott ümmer dat Beste dedruut maaken", mennde he.

Daobi sagg he mi auk, dat em seine guede aolle Heimatstadt Rheine met de Elisabeth-Kerke dao up den Dorenkamp ümmer wier in' Sinn kaim.

„Ick seih mi dao noch äs Kommunionkind in' Matrosenanzug. Un dann erst de schönen hauhgen Missen to de Fierdage met Pastor Bergmannshof, daotüsken de Köster Grottendiek met sien raude Slipp (der Kirchenschweitzer). Nich to vergiätten de Kerkenchor un de guede Kwiotek (der Organist) an dat bruusende Üörgelwiärk. Junge, wat wör dat schön! Ick draff de gar nich an denken... – Hieraodt häb 'ke dao auk. Un wuvull leiwe Lüe häw wi van dao uut nich nao'n Kerkhoff bracht..."

Jaja, wu de Tiet vergeiht. Ick häb em säggt, dat se de Kerk nu modernisiert häbt. „Laot se. Ick haoll ‚miene Kerk' leiwer so in' Sinn, es ick se kenn", mennde he.

Dann häb ick em 'ne (aolle) Ansichtskarte van ‚siene Elisabeth-Kerke' schicket. Et duerde nich lange, dao kreeg ick van em es maol wier 'n Breef, so 'n richtig schönen langen Breef. Fief graute Sieten vull. Wat häff de olle Mann sick doch Tiet nommen för mi! Ick fraog di: Well schriff vandage noch in Ruhe akkraot met Tinte schöne lange Breefe? Well nemp sick bi all de E-Mails un Handys dao noch Tiet för? Breefe bliewet – un de moderne, schnelle Computerkommunikassion?

Ick konn liäsen, dat sick dao ächten jüst dat Wiär upschierde; auk wat de Dokter em gistern noch säggt harr – un dat he sick aff un an met siene Huushöllske stribbelt, weil he sick nich giän kummdeeren löt: „Junge, dao mott ick sömms äs olle Mann noch wahne uppassen! Denk an, dat Menske spiellt sick all up, as wör se miene Ollske!"

Ich dachde, dat hölt em munter… Dann schreef he noch: „Ötte, laot di nich unnerkriegen un bewahr di dat Lachen! Schalaiers (üble Zeitgenossen) un Knieptangen laupet genoog harüm. Laot se. Ick sägg ümmer:

Kopp hauch – auk wenn de Kragen es dreckig is!"
Dat will ick meinen.

Drüm sägg ick hier nu antlest:
    Hendoon un munter blieben!